ISBN 978-1-365-41982-9

CALLERY PLANNER
449 S. Curson Ave.
Los Angeles, CA 90036
Printed in USA

callerystudio@gmail.com

Design & Photograph by J.Lee
Directed by S.Park, Ph.D.

CALLERY

Vol.1

2017

JAN

1	2	3	4	5	6	7
8	9	10	11	12	13	14
15	16	17	18	19	20	21
22	23	24	25	26	27	28
29	30	31				

FEB

			1	2	3	4
5	6	7	8	9	10	11
12	13	14	15	16	17	18
19	20	21	22	23	24	25
26	27	28				

MAR

			1	2	3	4
5	6	7	8	9	10	11
12	13	14	15	16	17	18
19	20	21	22	23	24	25
26	27	28	29	30	31	

APR

						1
2	3	4	5	6	7	8
9	10	11	12	13	14	15
16	17	18	19	20	21	22
23	24	25	26	27	28	29
30						

MAY

	1	2	3	4	5	6
7	8	9	10	11	12	13
14	15	16	17	18	19	20
21	22	23	24	25	26	27
28	29	30	31			

JUN

				1	2	3
4	5	6	7	8	9	10
11	12	13	14	15	16	17
18	19	20	21	22	23	24
25	26	27	28	29	30	

JUL

						1
2	3	4	5	6	7	8
9	10	11	12	13	14	15
16	17	18	19	20	21	22
23	24	25	26	27	28	29
30	31					

AUG

	1	2	3	4	5	
6	7	8	9	10	11	12
13	14	15	16	17	18	19
20	21	22	23	24	25	26
27	28	29	30	31		

SEP

					1	2
3	4	5	6	7	8	9
10	11	12	13	14	15	16
17	18	19	20	21	22	23
24	25	26	27	28	29	30

OCT

1	2	3	4	5	6	7
8	9	10	11	12	13	14
15	16	17	18	19	20	21
22	23	24	25	26	27	28
29	30	31				

NOV

			1	2	3	4
5	6	7	8	9	10	11
12	13	14	15	16	17	18
19	20	21	22	23	24	25
26	27	28	29	30		

DEC

					1	2
3	4	5	6	7	8	9
10	11	12	13	14	15	16
17	18	19	20	21	22	23
24	25	26	27	28	29	30
31						

2018

JAN
1	2	3	4	5	6	
7	8	9	10	11	12	13
14	15	16	17	18	19	20
21	22	23	24	25	26	27
28	29	30	31			

FEB
				1	2	3
4	5	6	7	8	9	10
11	12	13	14	15	16	17
18	19	20	21	22	23	24
25	26	27	28			

MAR
				1	2	3
4	5	6	7	8	9	10
11	12	13	14	15	16	17
18	19	20	21	22	23	24
25	26	27	28	29	30	31

APR
1	2	3	4	5	6	7
8	9	10	11	12	13	14
15	16	17	18	19	20	21
22	23	24	25	26	27	28
29	30					

MAY
		1	2	3	4	5
6	7	8	9	10	11	12
13	14	15	16	17	18	19
20	21	22	23	24	25	26
27	28	29	30	31		

JUN
					1	2
3	4	5	6	7	8	9
10	11	12	13	14	15	16
17	18	19	20	21	22	23
24	25	26	27	28	29	30

JUL
1	2	3	4	5	6	7
8	9	10	11	12	13	14
15	16	17	18	19	20	21
22	23	24	25	26	27	28
29	30	31				

AUG
			1	2	3	4
5	6	7	8	9	10	11
12	13	14	15	16	17	18
19	20	21	22	23	24	25
26	27	28	29	30	31	

SEP
						1
2	3	4	5	6	7	8
9	10	11	12	13	14	15
16	17	18	19	20	21	22
23	24	25	26	27	28	29
30						

OCT
1	2	3	4	5	6	
7	8	9	10	11	12	13
14	15	16	17	18	19	20
21	22	23	24	25	26	27
28	29	30	31			

NOV
				1	2	3
4	5	6	7	8	9	10
11	12	13	14	15	16	17
18	19	20	21	22	23	24
25	26	27	28	29	30	

DEC
						1
2	3	4	5	6	7	8
9	10	11	12	13	14	15
16	17	18	19	20	21	22
23	24	25	26	27	28	29
30	31					

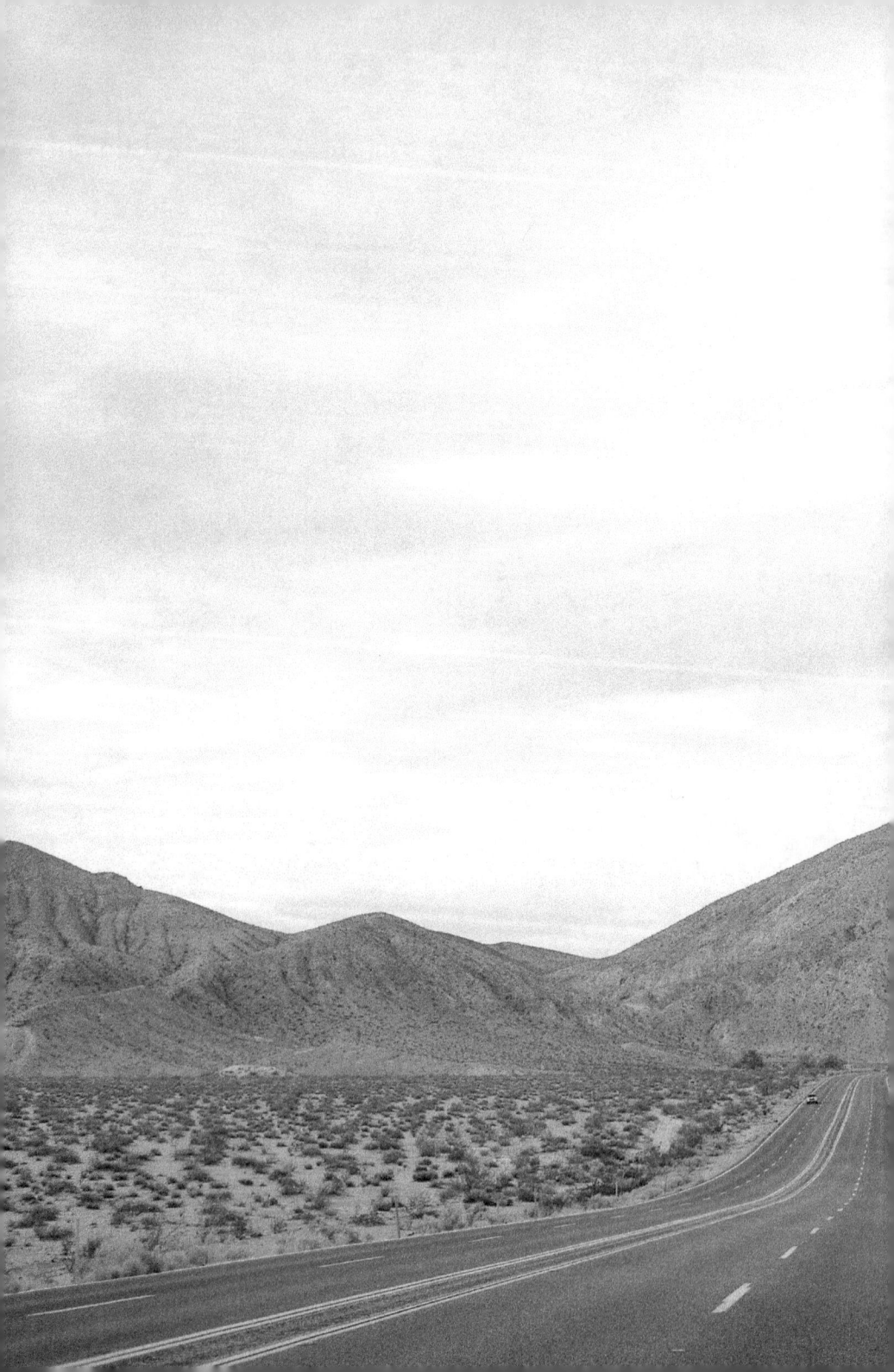

ON A LONESOME HIGHWAY

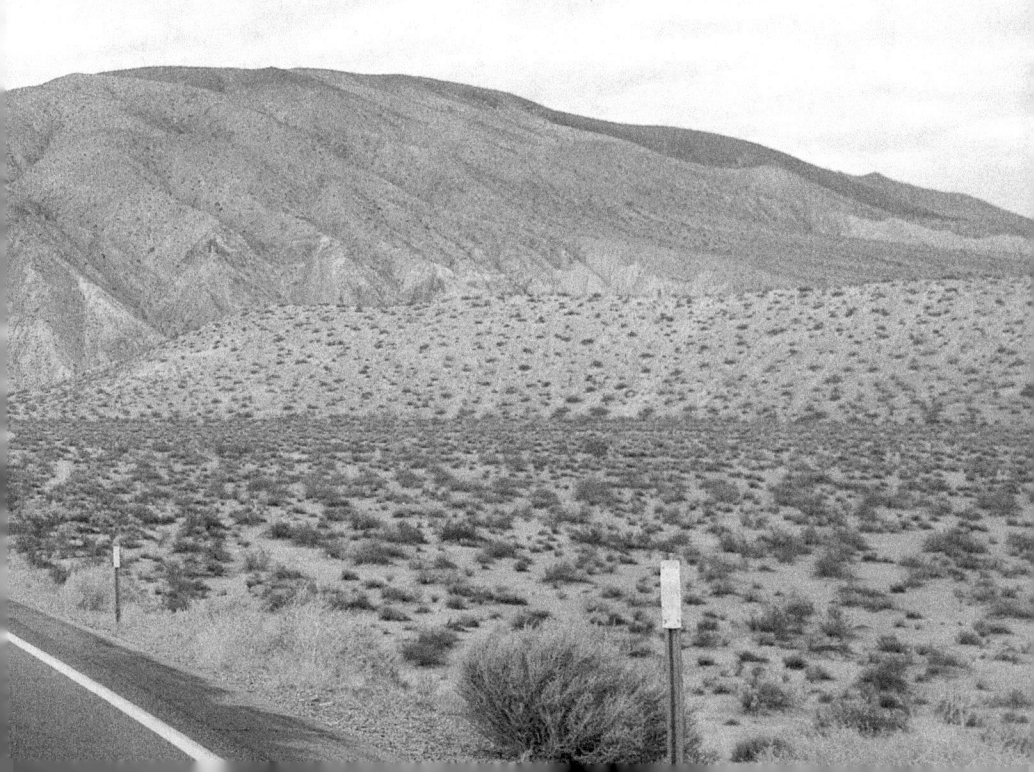

If you are going to

_____

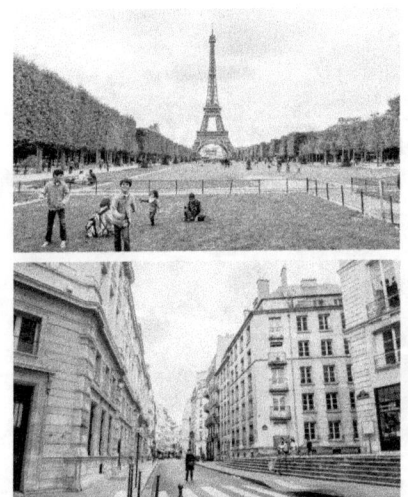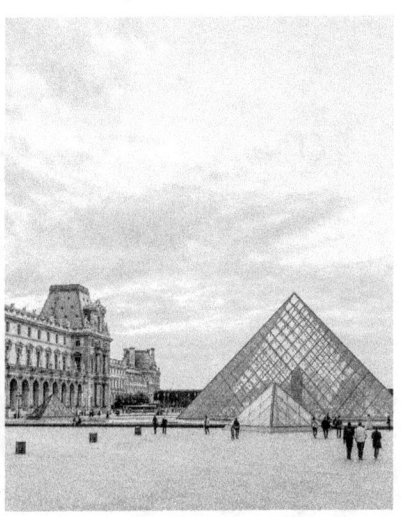

Paris

_____

If you are going to

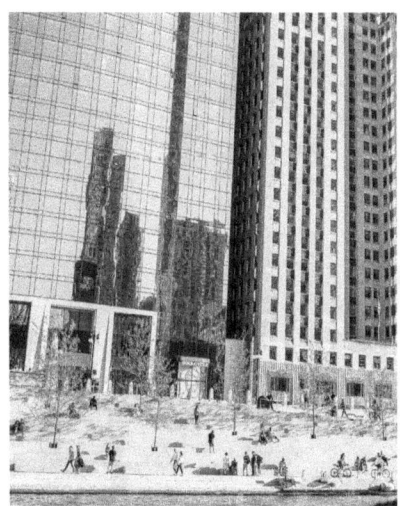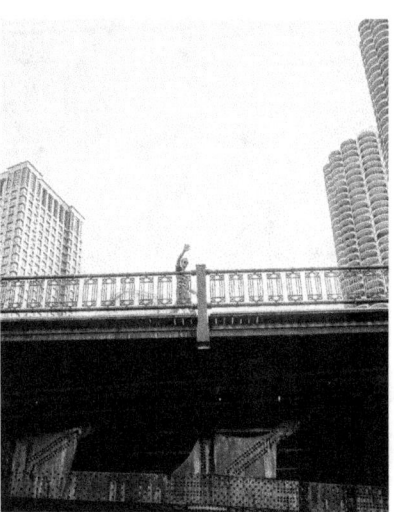

Chicago

If you are going to

_____

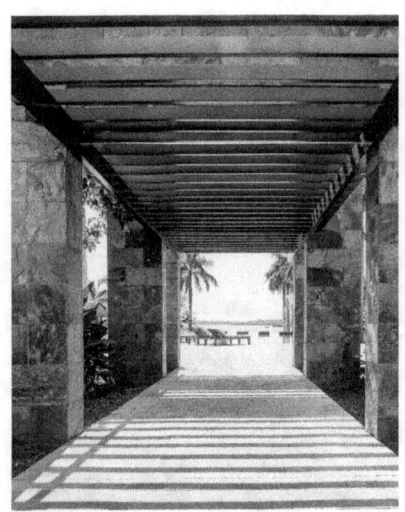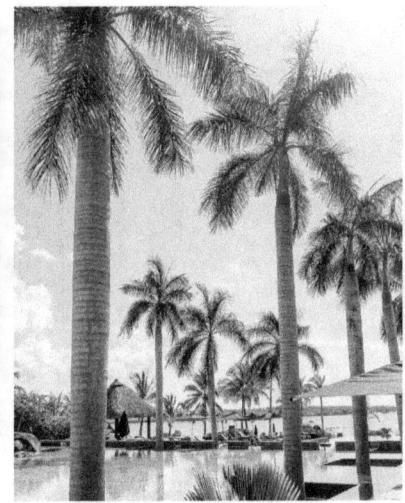

Wolmar

_____

If you are going to

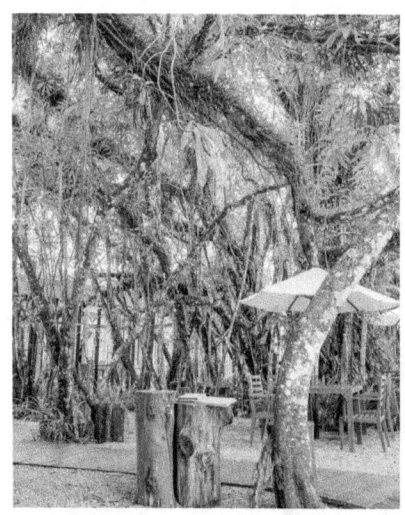 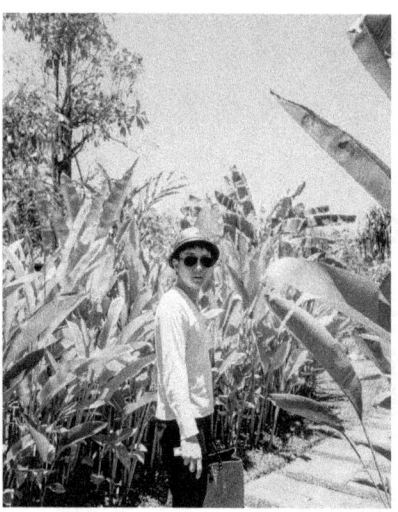

Khao Lak

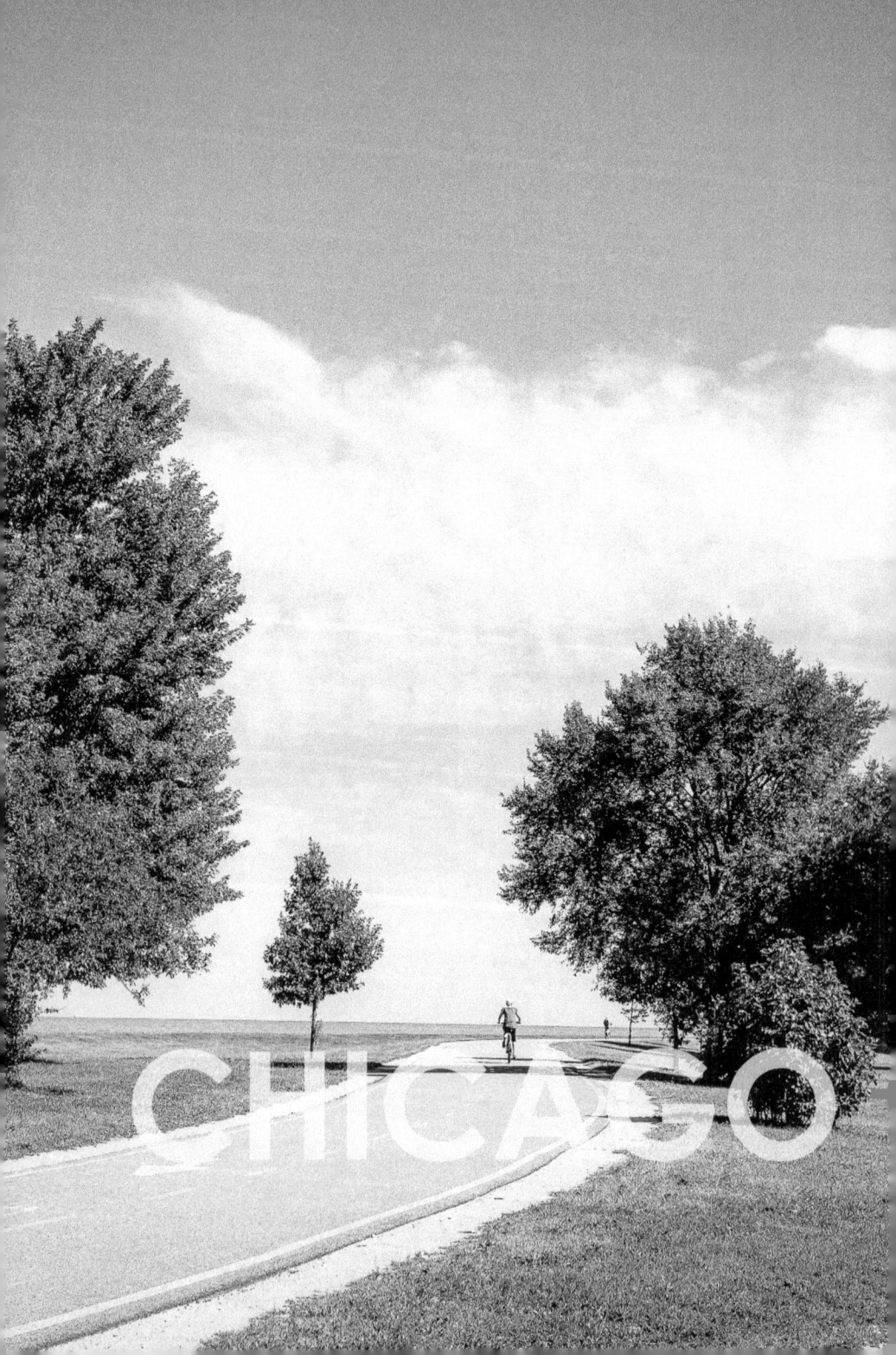

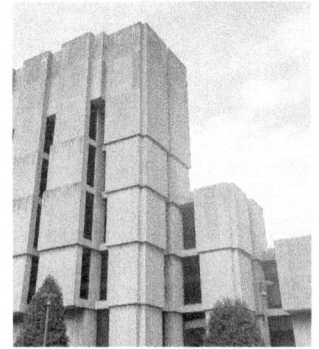
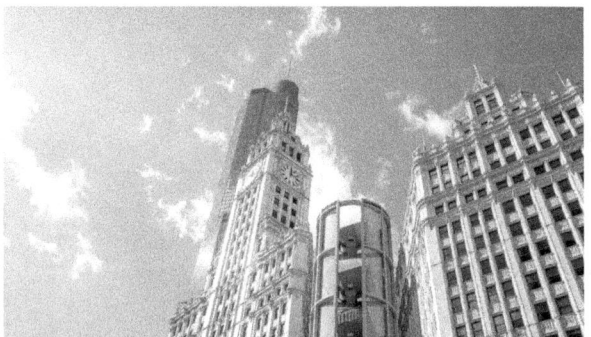

monthly record

	1	2	3	4	5	6	7	8	9	10	11	12	13
Workout													
Love													
Study													
Payment													

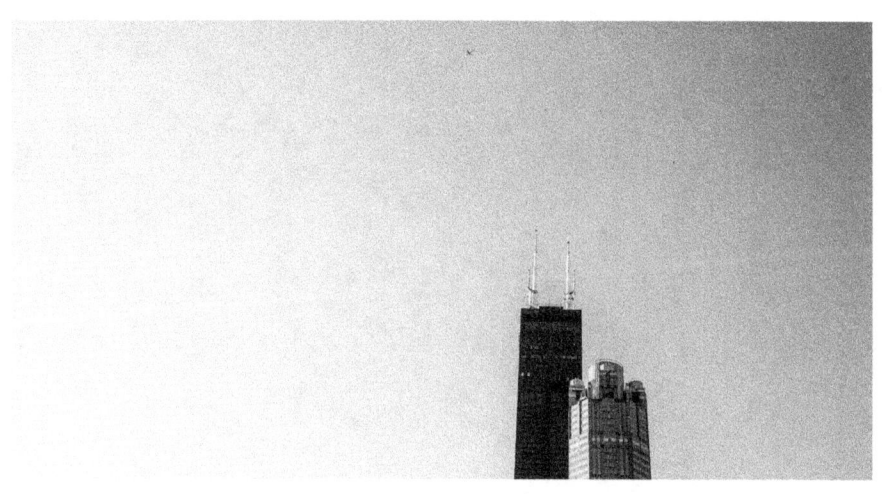

14　15　16　17　18　19　20　21　22　23　24　25　26　27　28　29　30　31

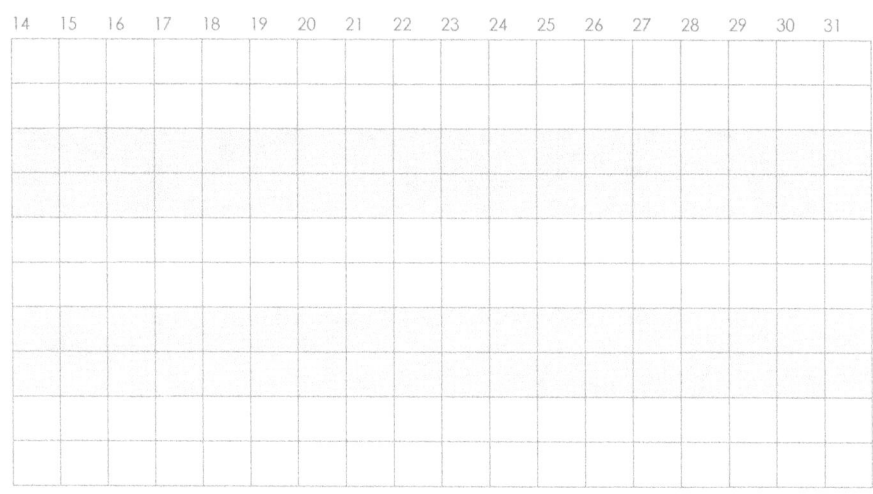

SUNDAY	MONDAY	TUESDAY	WEDNESDAY

THURSDAY	FRIDAY	SATURDAY	NOTE

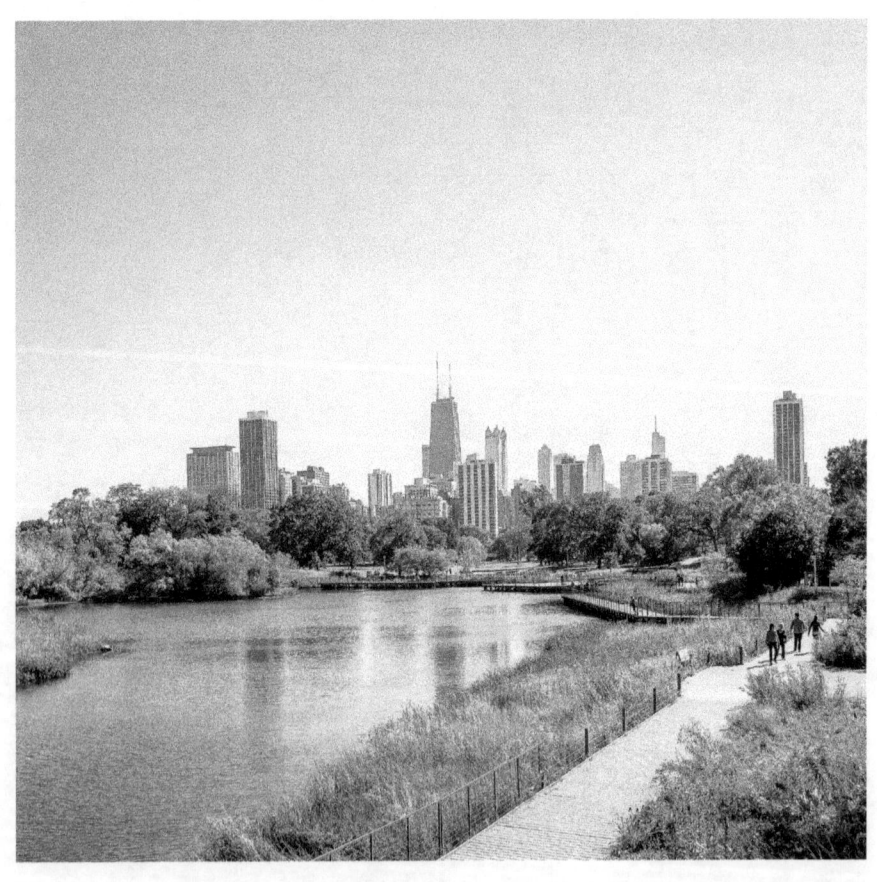

A Garden in the City
Lincoln Park zoo, Chicago, IL

W E E K L Y

DATE		MORNING	AFTERNOON	EVENING	NOTE
SU	/				
M	/				
TU	/				
W	/				
TH	/				
F	/				
SA	/				

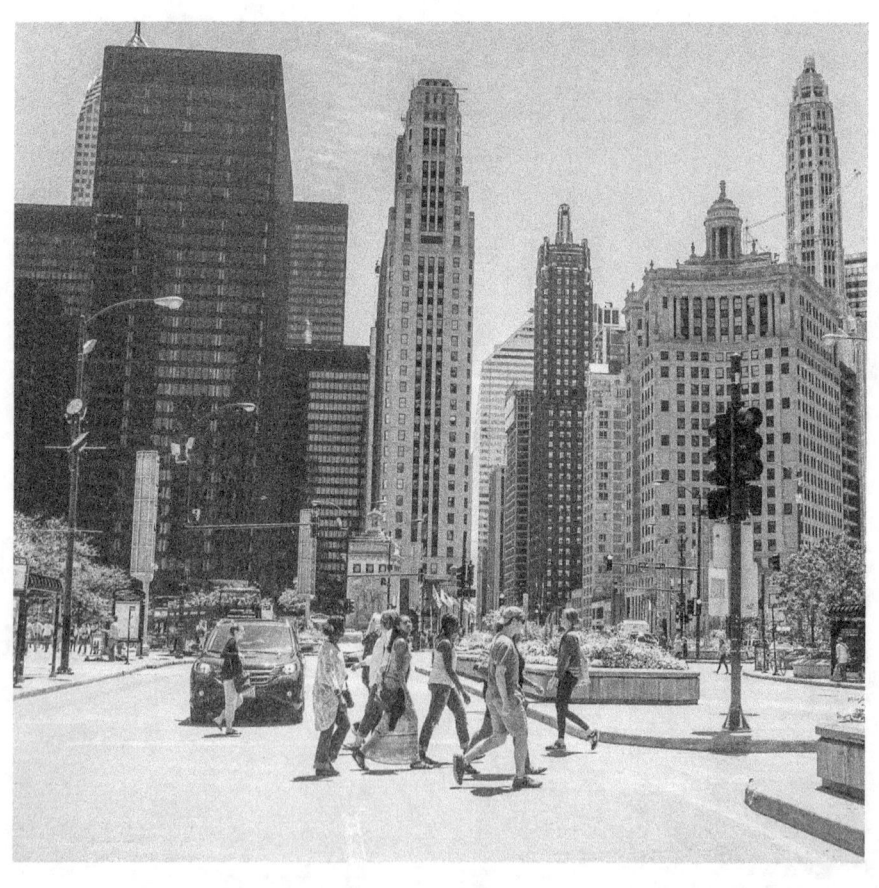

Maggy Road
Magnificent Mile, Chicago, IL

W E E K L Y

DATE		MORNING	AFTERNOON	EVENING	NOTE
SU	/				
M	/				
TU	/				
W	/				
TH	/				
F	/				
SA	/				

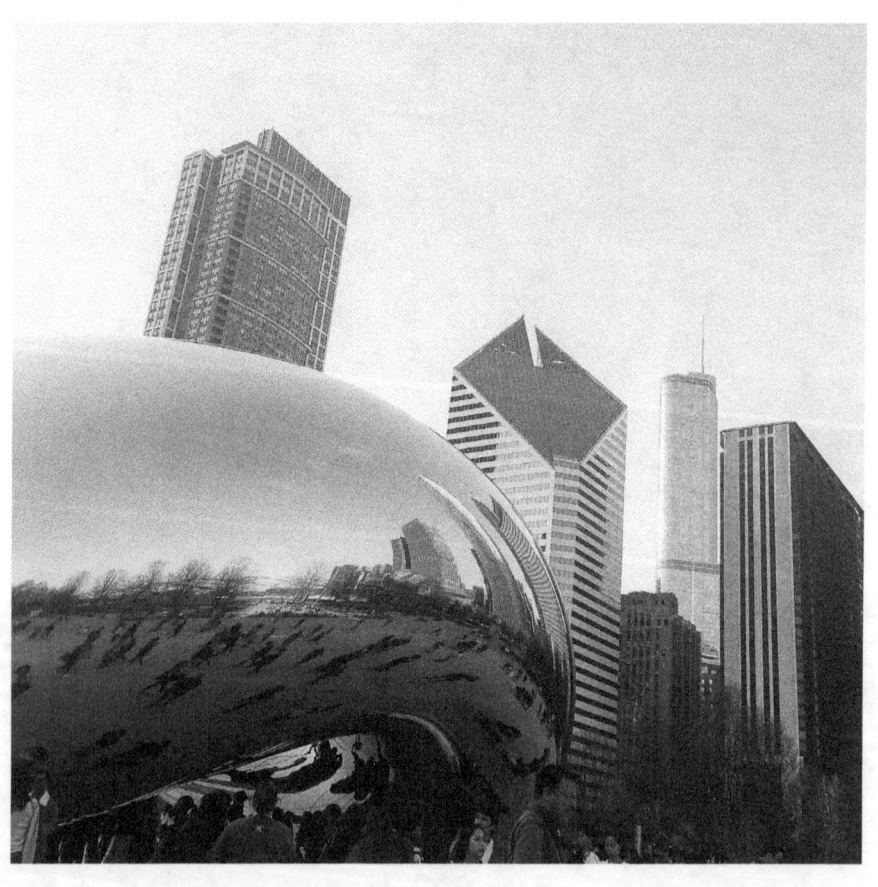

The Bean
Millennium Park, Chicago, IL

W E E K L Y

DATE		MORNING	AFTERNOON	EVENING	NOTE
SU	/				
M	/				
TU	/				
W	/				
TH	/				
F	/				
SA	/				

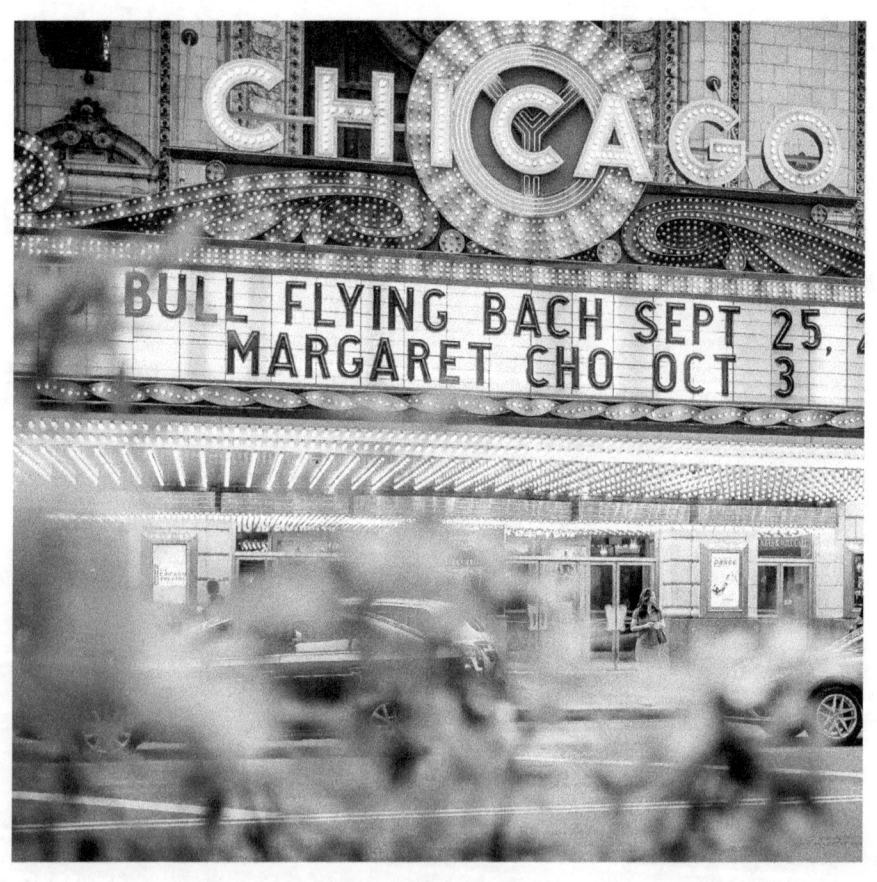

Dream Theatre
Loop, Chicago, IL

W E E K L Y

DATE		MORNING	AFTERNOON	EVENING	NOTE
SU	/				
M	/				
TU	/				
W	/				
TH	/				
F	/				
SA	/				

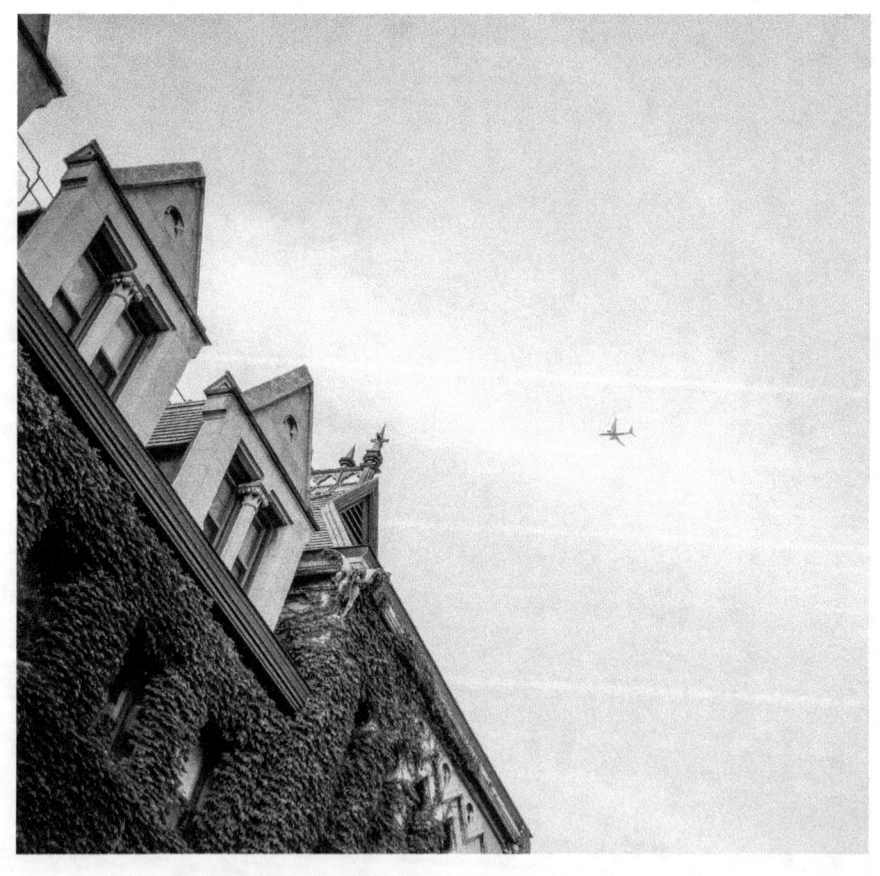

Knew It Was Time
The University of Chicago, Chicago, IL

W E E K L Y

DATE		MORNING	AFTERNOON	EVENING	NOTE
SU	/				
M	/				
TU	/				
W	/				
TH	/				
F	/				
SA	/				

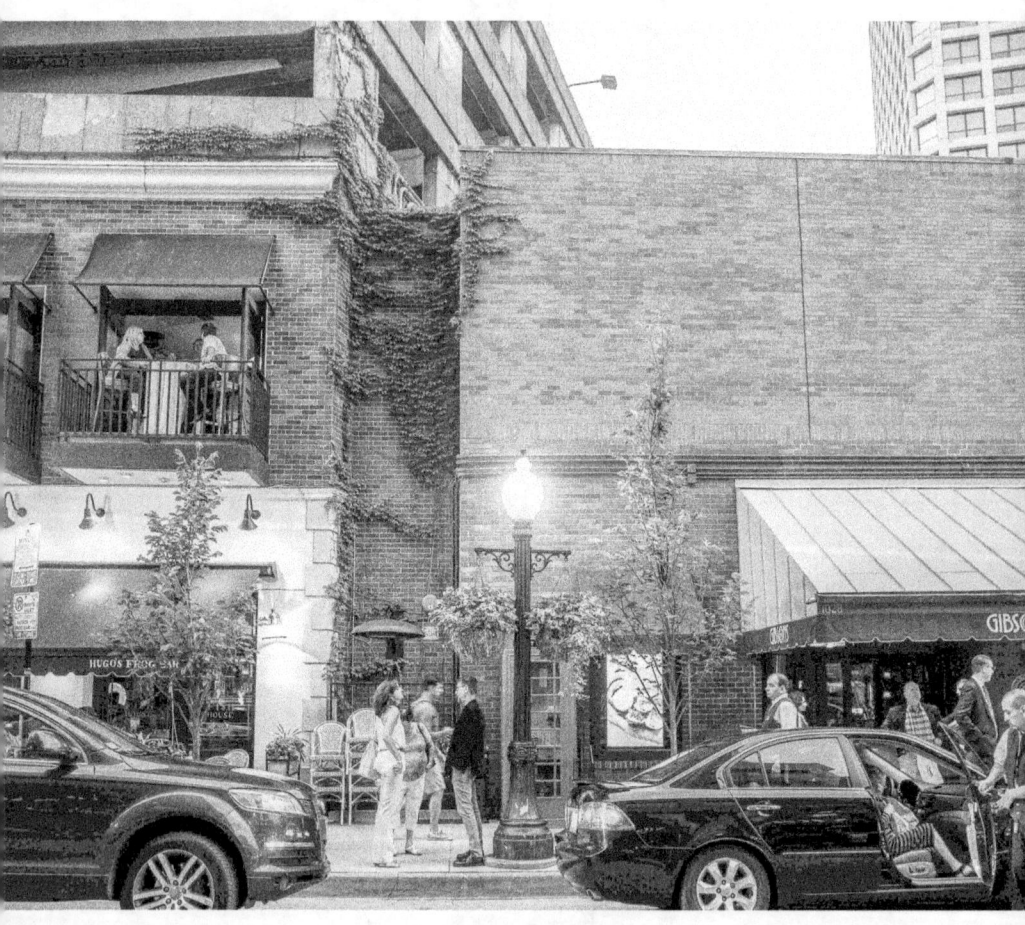

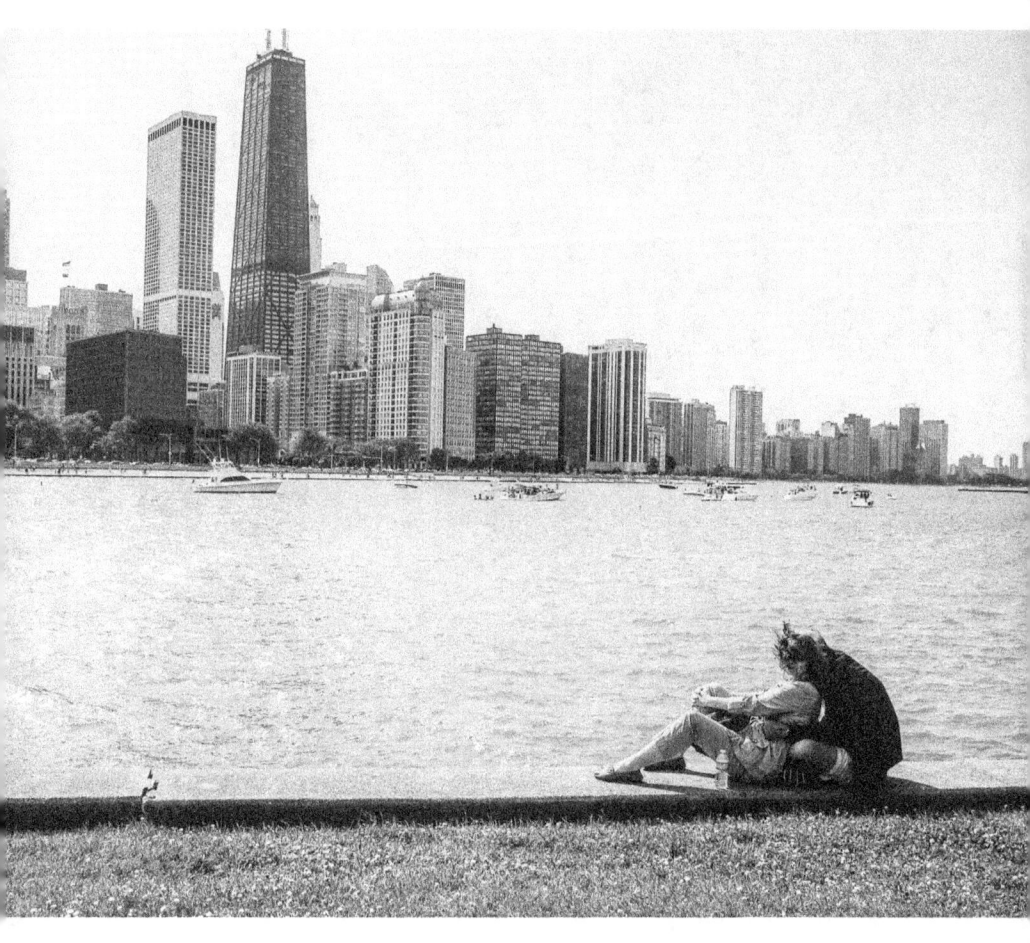

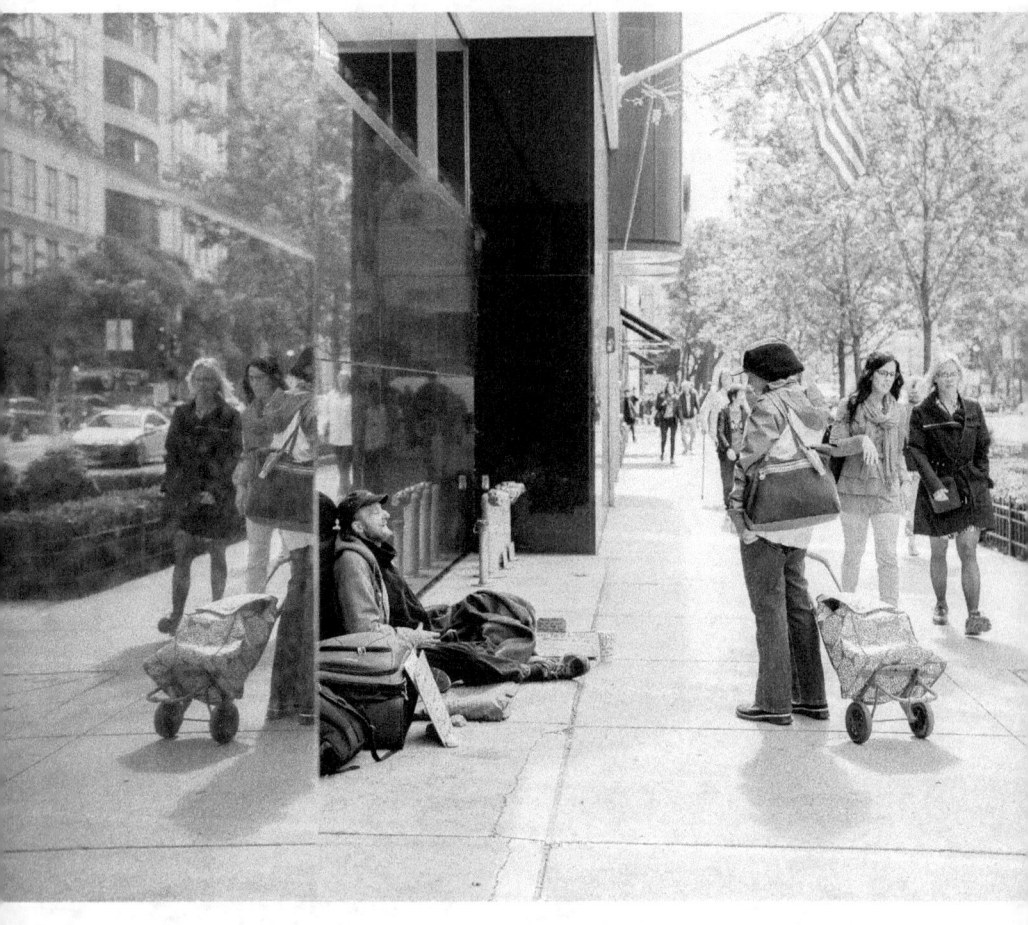

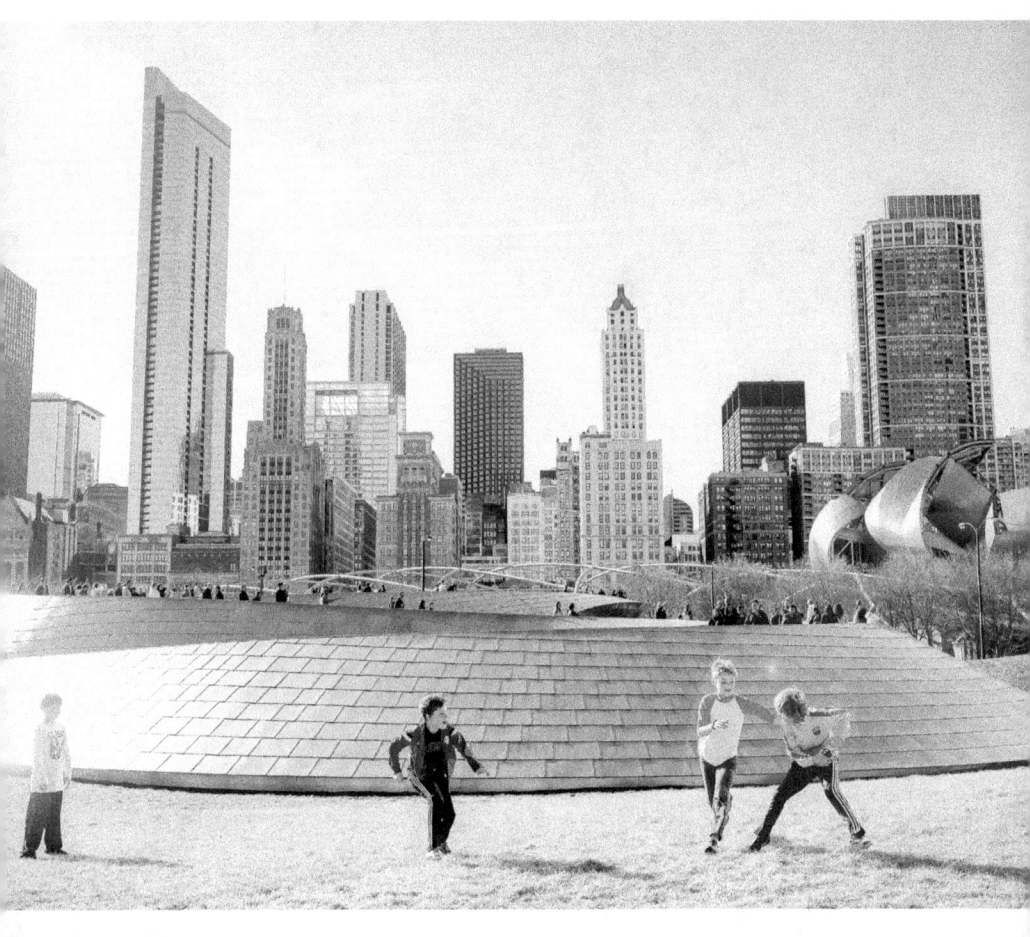

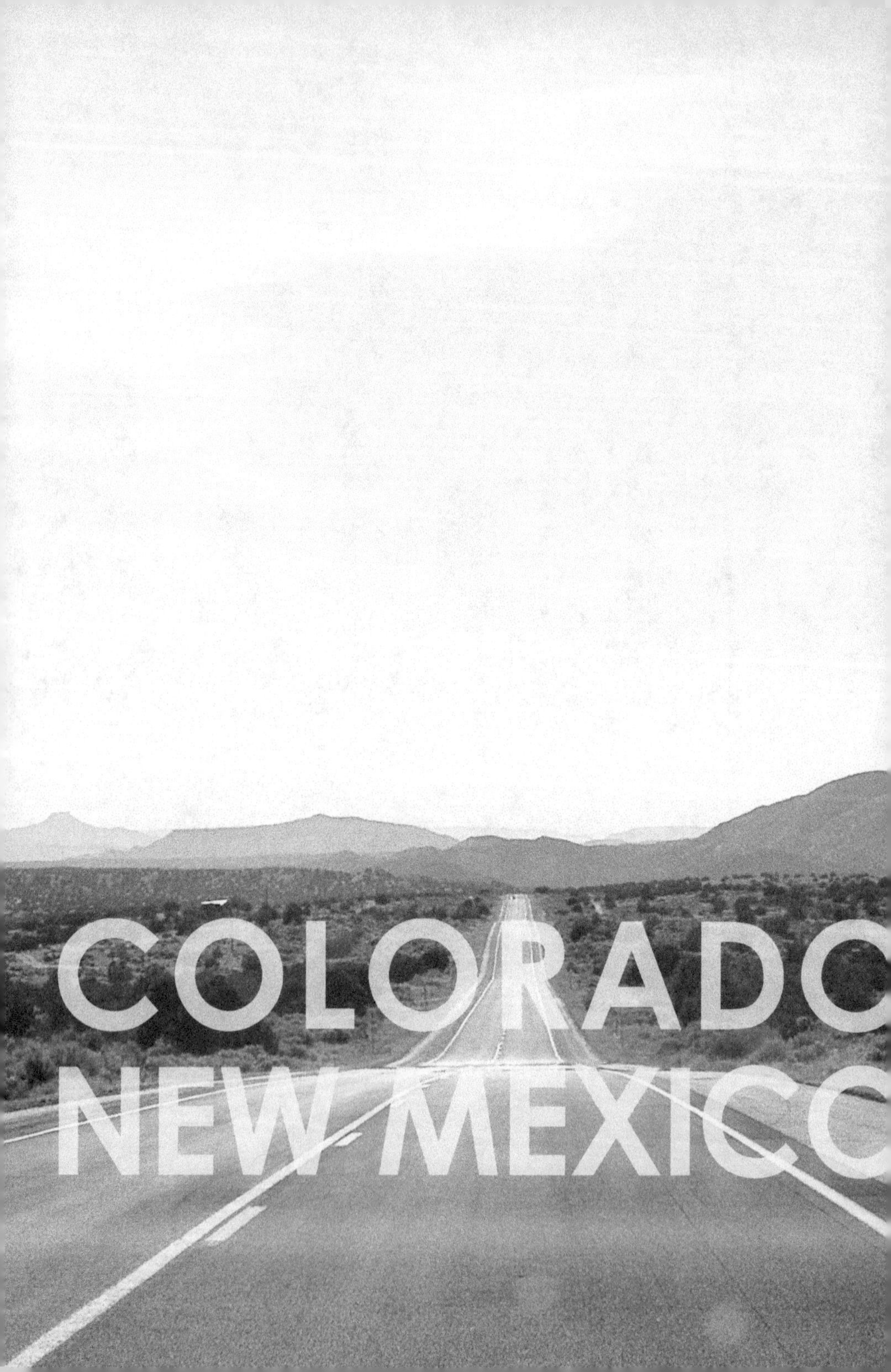
COLORADO
NEW MEXICO

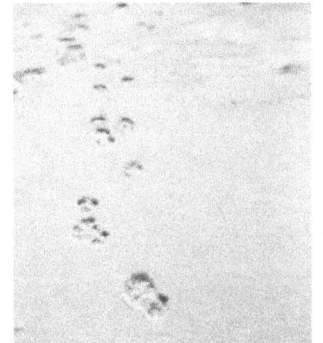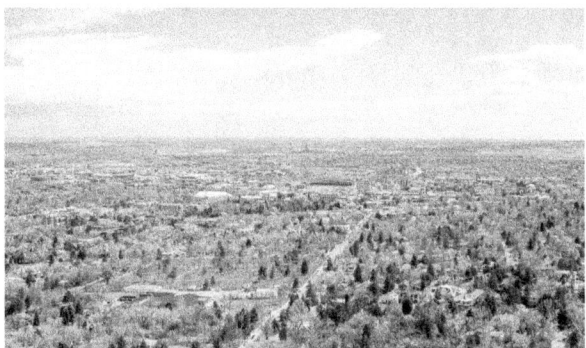

monthly record

	1	2	3	4	5	6	7	8	9	10	11	12	13
Workout													
Love													
Study													
Payment													

14   15   16   17   18   19   20   21   22   23   24   25   26   27   28   29   30   31

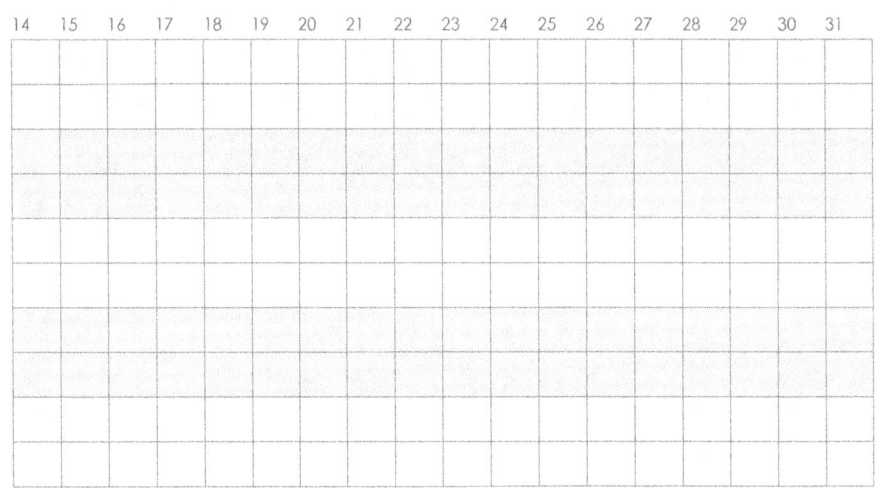

1 2 3 4 5 6 7 8 9 10 11 12 | 2017

SUNDAY	MONDAY	TUESDAY	WEDNESDAY

THURSDAY	FRIDAY	SATURDAY	NOTE

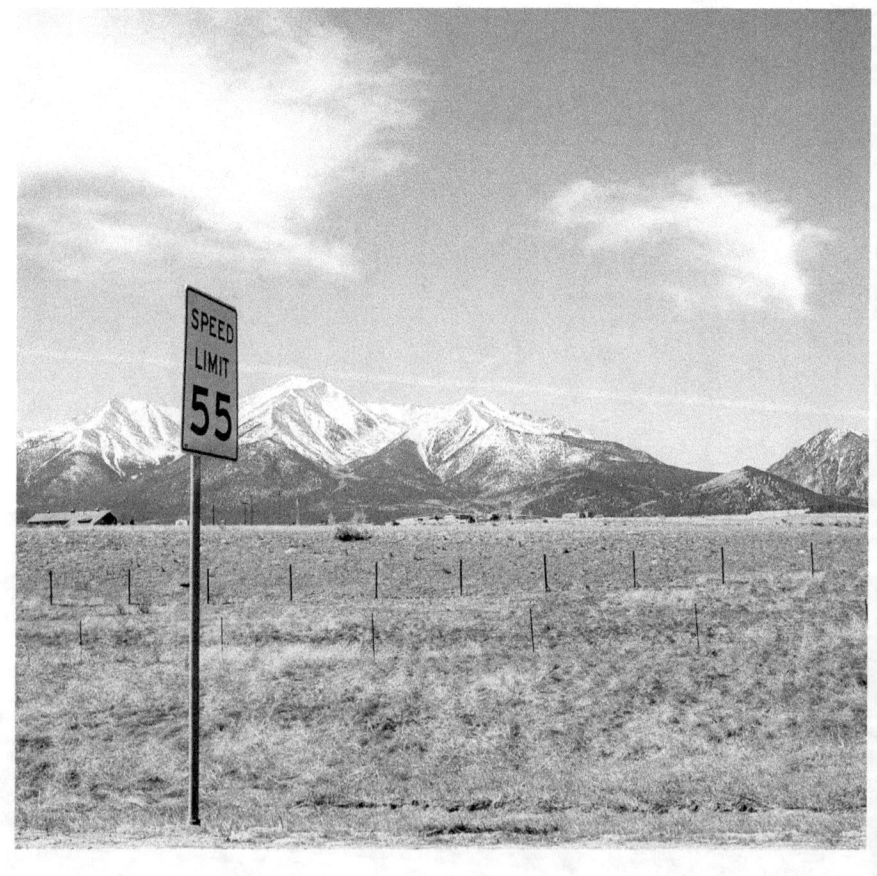

East of Rocky
Alamosa, CO

W E E K L Y

DATE		MORNING	AFTERNOON	EVENING	NOTE
·SU	/				
M	/				
TU	/				
W	/				
TH	/				
F	/				
SA	/				

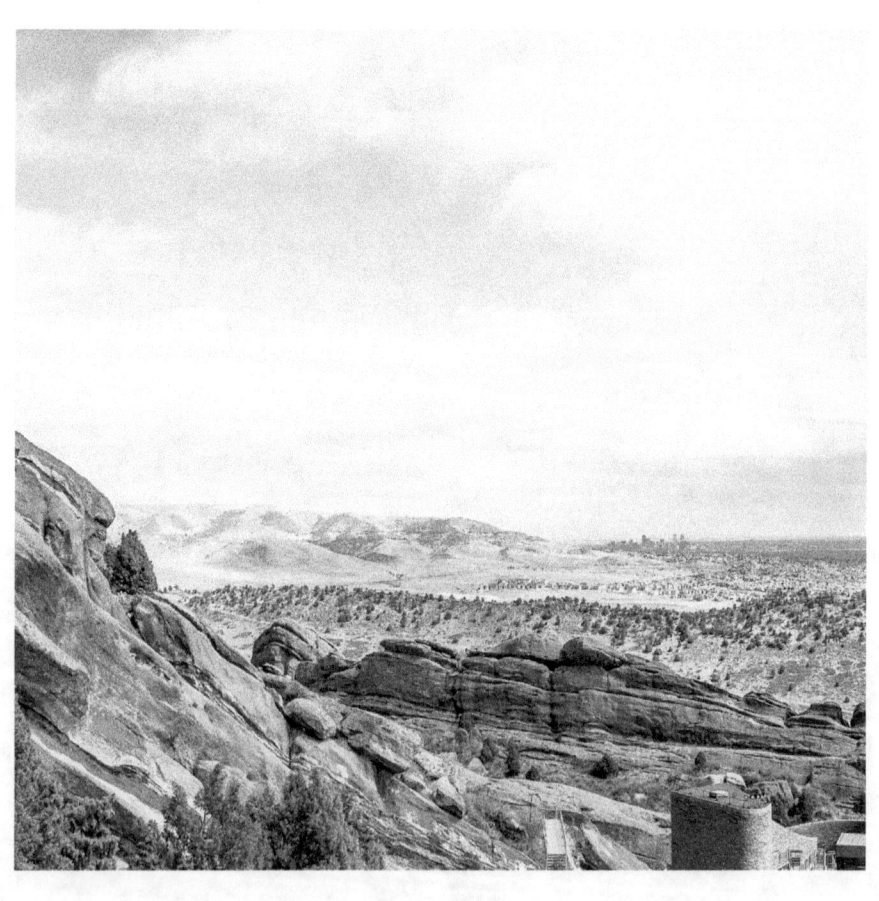

Rock of Ages
Red Rocks Amphitheatre, Morrison, CO

W E E K L Y

DATE		MORNING	AFTERNOON	EVENING	NOTE
SU	/				
M	/				
TU	/				
W	/				
TH	/				
F	/				
SA	/				

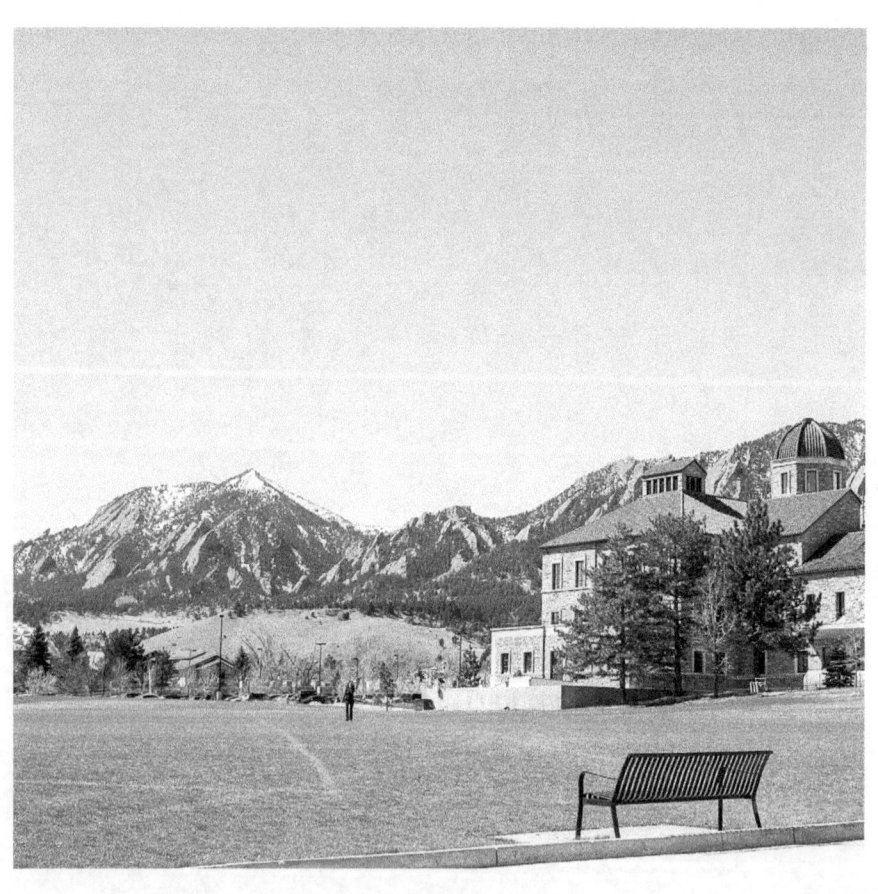

Life is Young There
University of Colorado, Boulder, CO

W E E K L Y

DATE		MORNING	AFTERNOON	EVENING	NOTE
SU	/				
M	/				
TU	/				
W	/				
TH	/				
F	/				
SA	/				

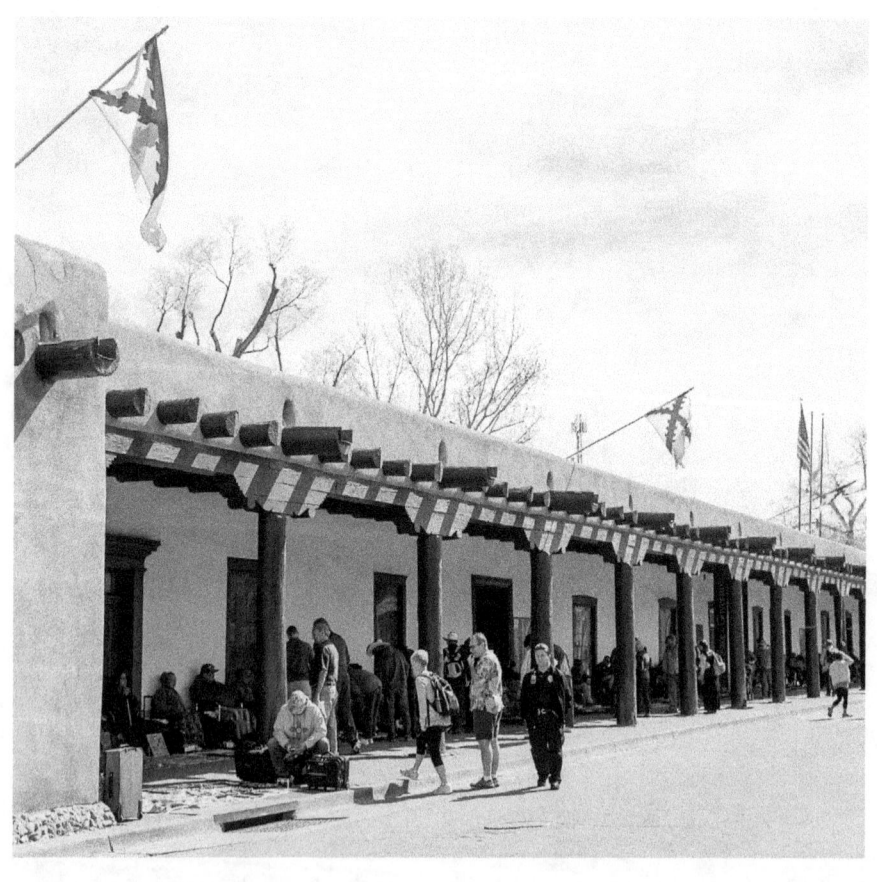

Don Pedro de Peralta
Santa Fe Plaza, Santa Fe, NM

W E E K L Y

DATE		MORNING	AFTERNOON	EVENING	NOTE
SU	/				
M	/				
TU	/				
W	/				
TH	/				
F	/				
SA	/				

Ashes to Ashes
White Sands National Monument, NM

W E E K L Y

DATE		MORNING	AFTERNOON	EVENING	NOTE
SU	/				
M	/				
TU	/				
W	/				
TH	/				
F	/				
SA	/				

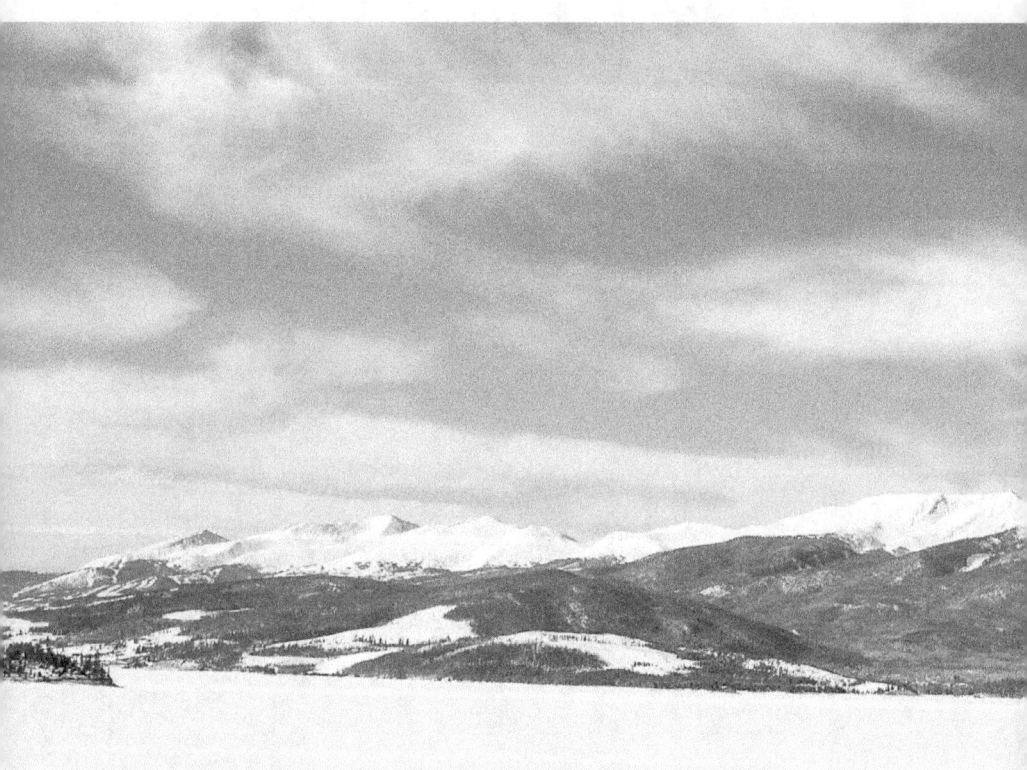

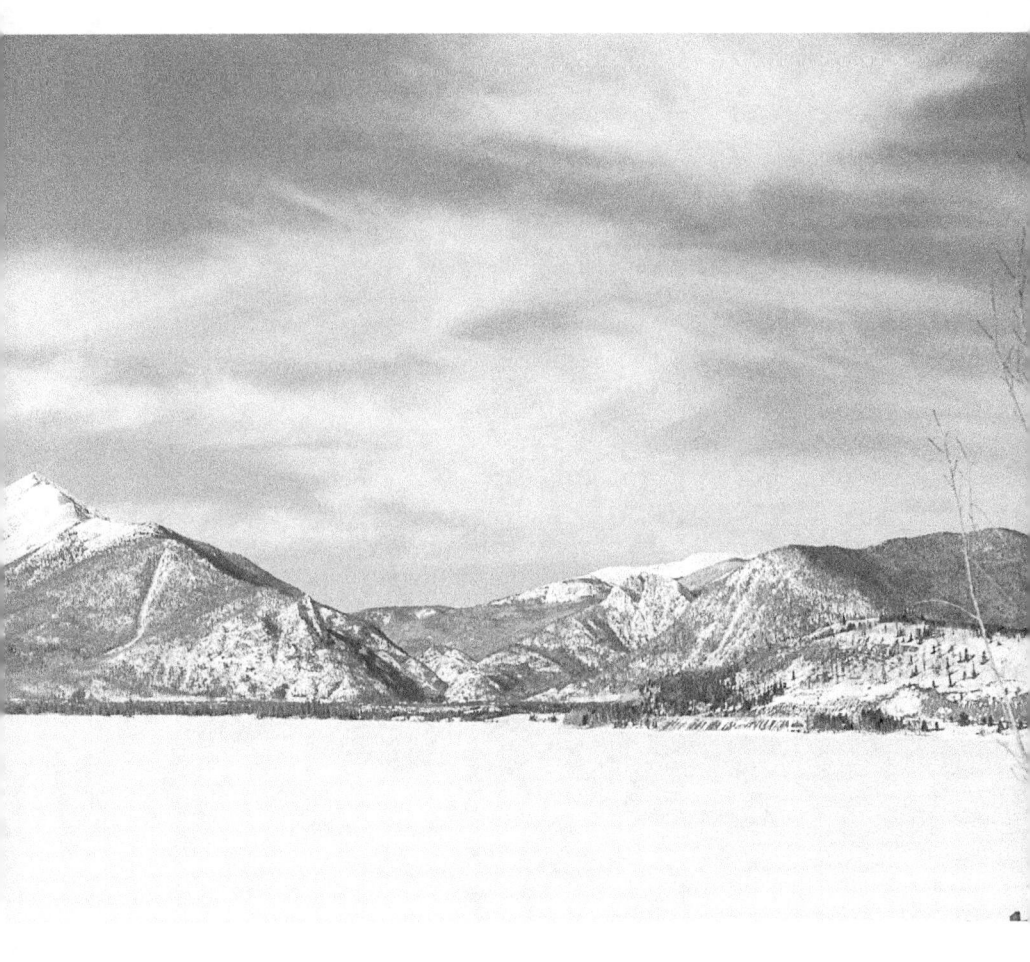

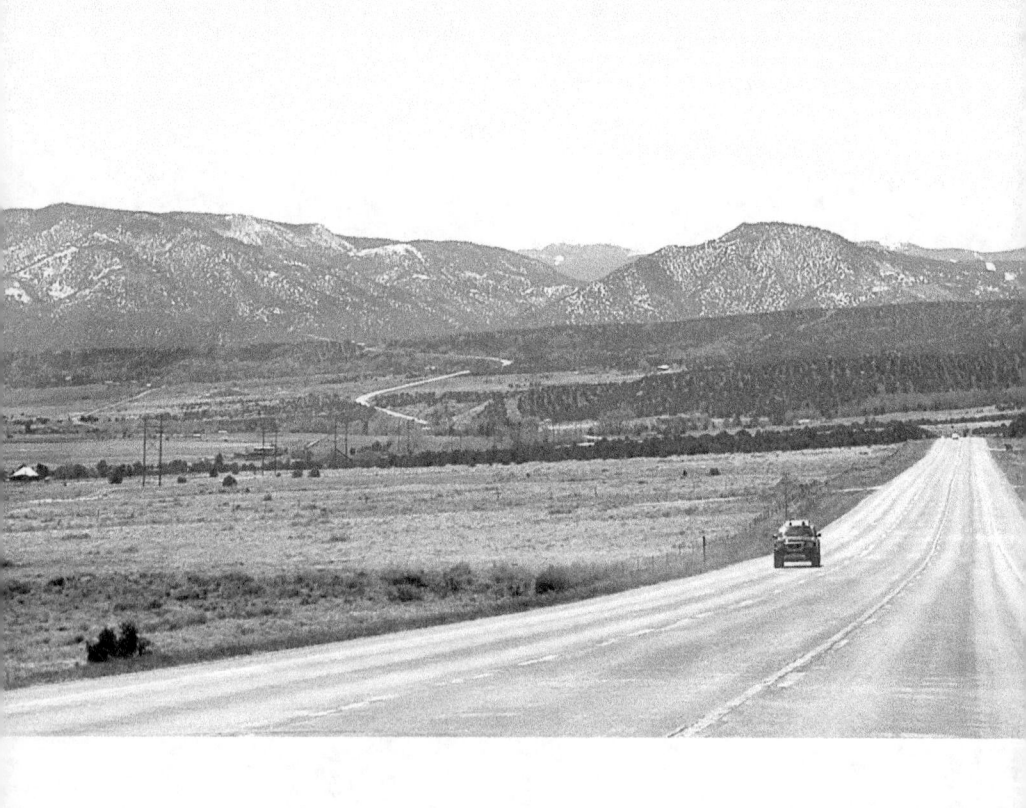

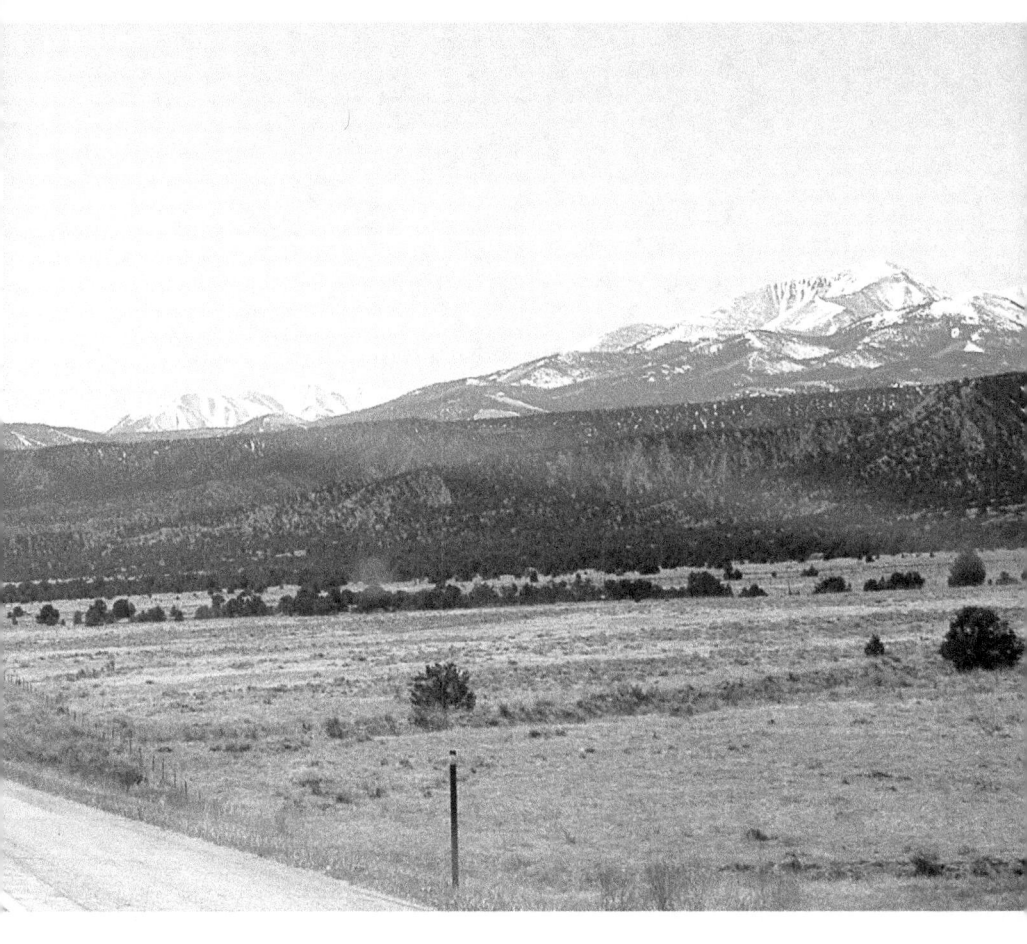

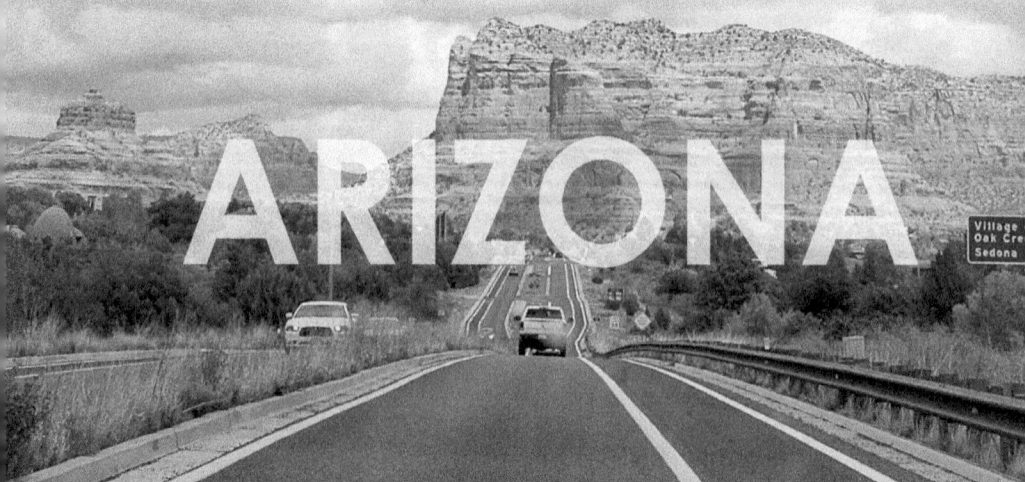

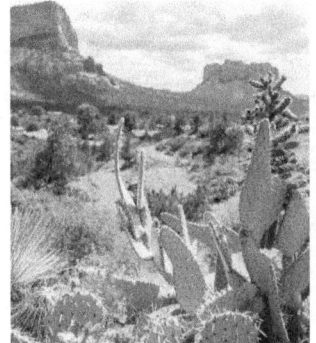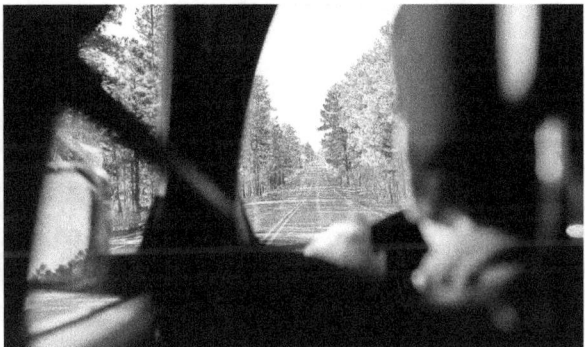

monthly record

	1	2	3	4	5	6	7	8	9	10	11	12	13
Workout													
Love													
Study													
Payment													

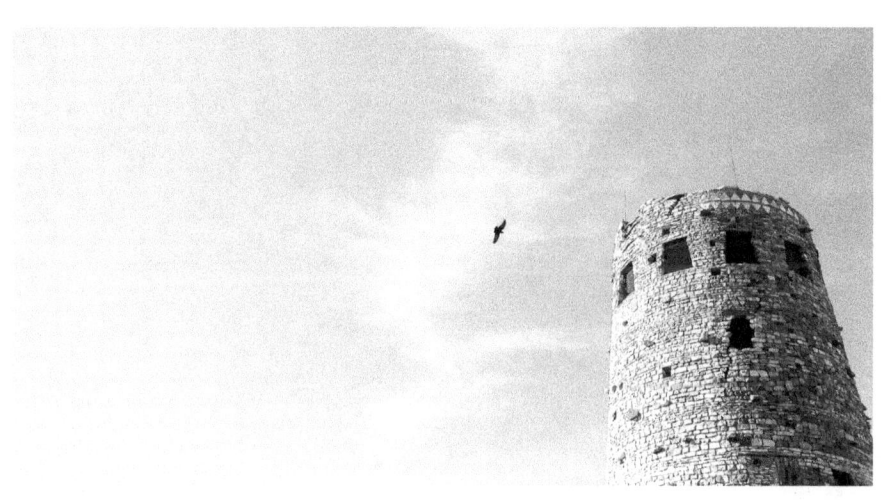

14	15	16	17	18	19	20	21	22	23	24	25	26	27	28	29	30	31

SUNDAY	MONDAY	TUESDAY	WEDNESDAY

THURSDAY	FRIDAY	SATURDAY	NOTE

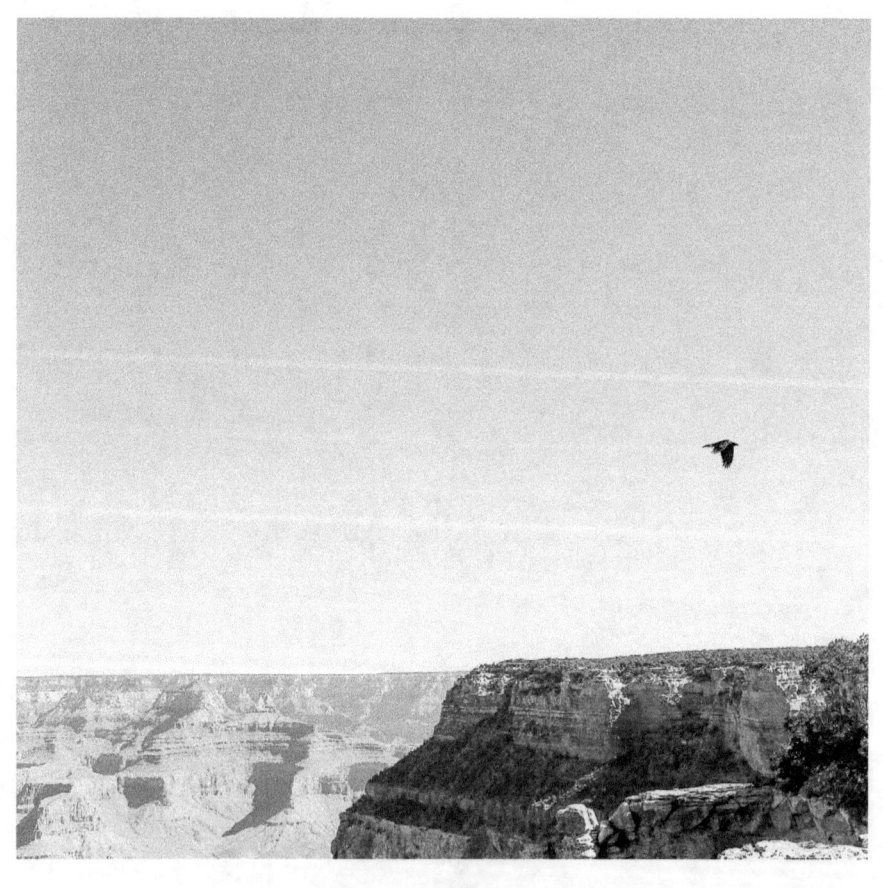

Take a Look to the
Grand Canyon National Park, AZ

W E E K L Y

DATE		MORNING	AFTERNOON	EVENING	NOTE
SU	/				
M	/				
TU	/				
W	/				
TH	/				
F	/				
SA	/				

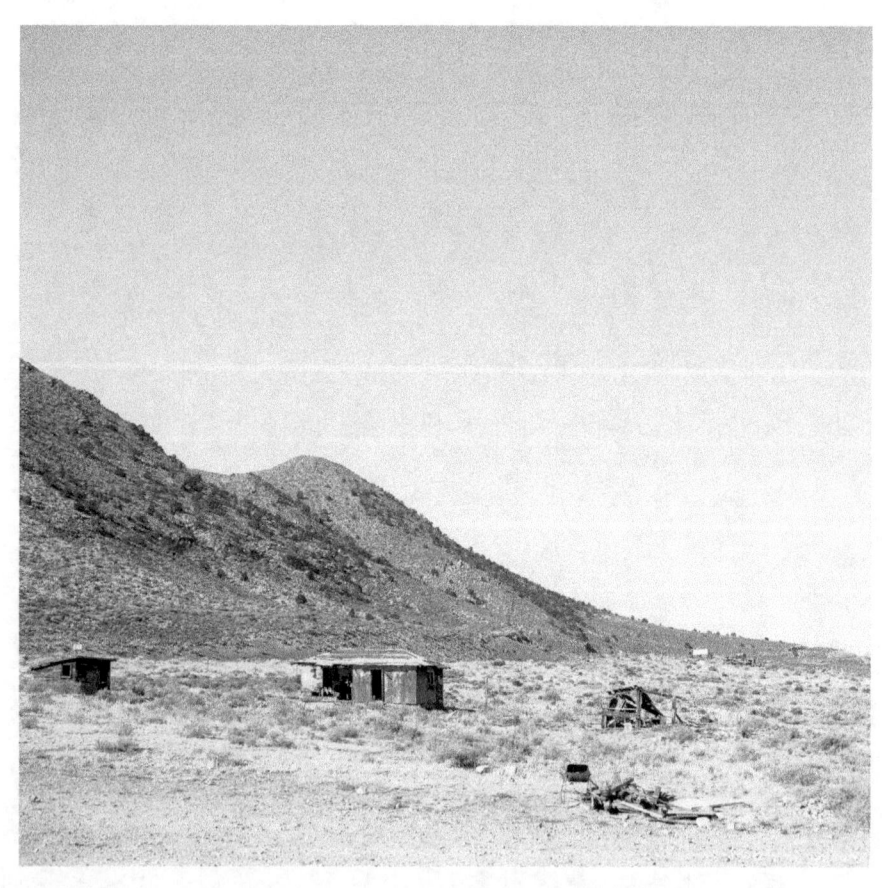

Before You Die
Little Colorado River Navajo Tribal Park, AZ

W E E K L Y

DATE		MORNING	AFTERNOON	EVENING	NOTE
SU	/				
M	/				
TU	/				
W	/				
TH	/				
F	/				
SA	/				

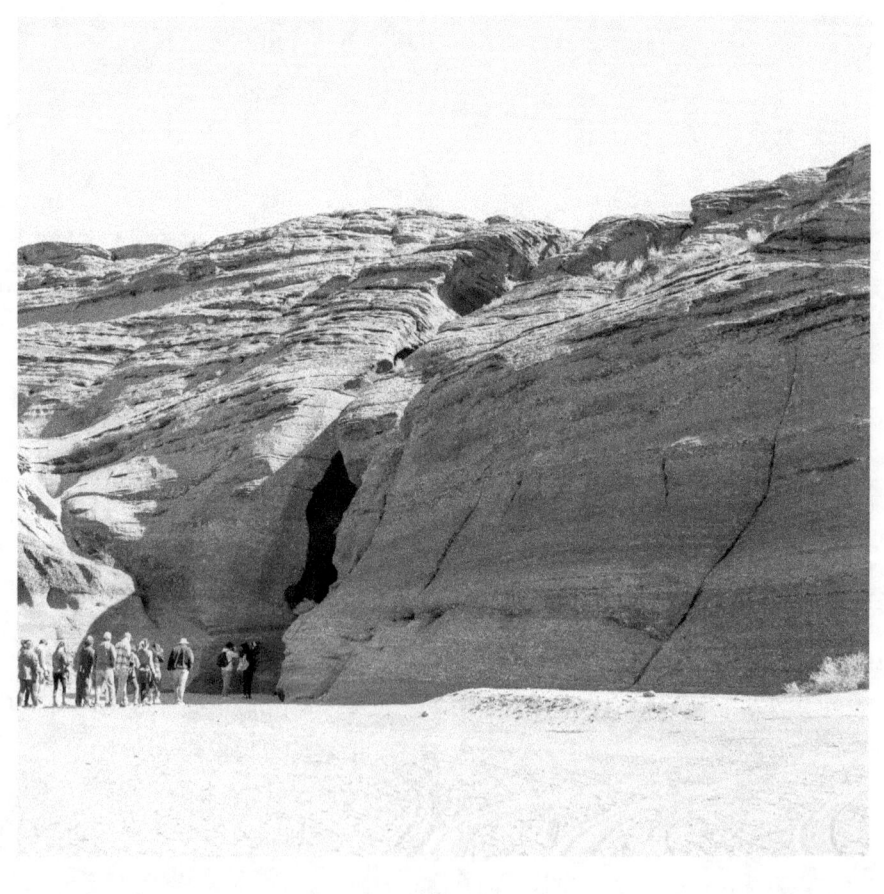

Explore
Antelope Canyon, AZ

W E E K L Y

DATE		MORNING	AFTERNOON	EVENING	NOTE
SU	/				
M	/				
TU	/				
W	/				
TH	/				
F	/				
SA	/				

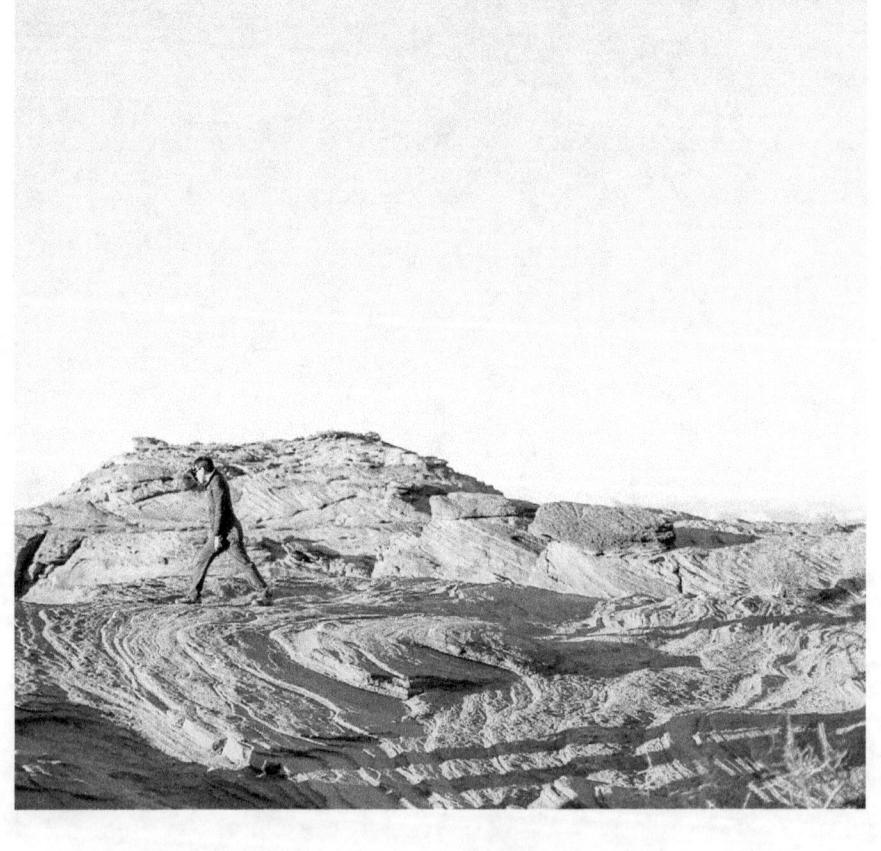

Curiosity vs Fear
Horseshoe Bend, Page, AZ

W E E K L Y

DATE		MORNING	AFTERNOON	EVENING	NOTE
SU	/				
M	/				
TU	/				
W	/				
TH	/				
F	/				
SA	/				

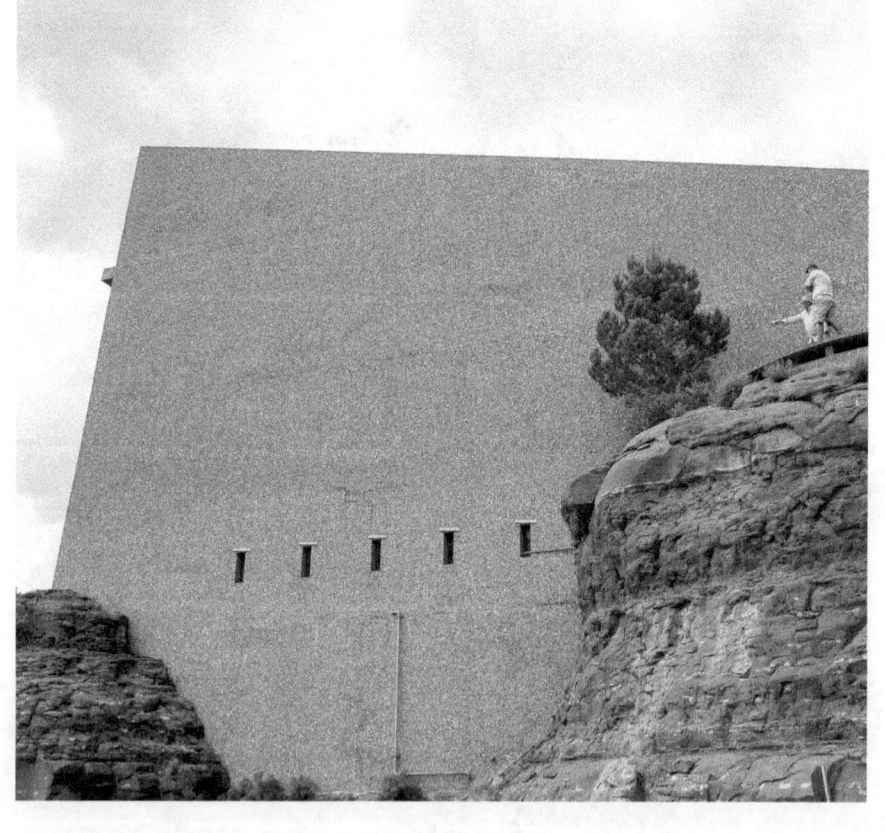

Chapel of the Holy Cross
Sedona, AZ

W E E K L Y

DATE		MORNING	AFTERNOON	EVENING	NOTE
SU	/				
M	/				
TU	/				
W	/				
TH	/				
F	/				
SA	/				

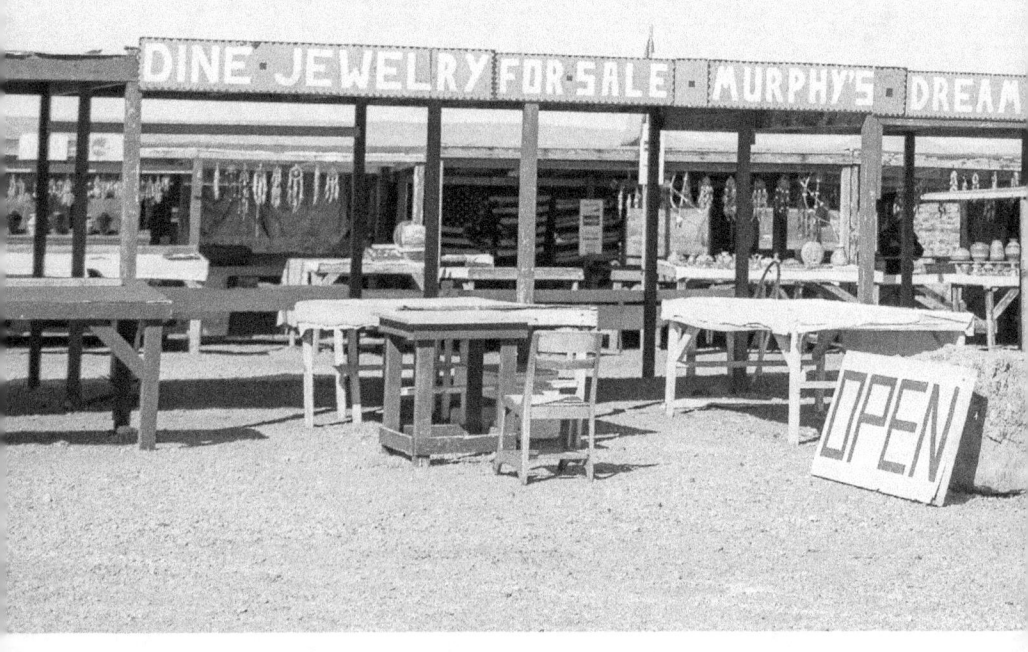

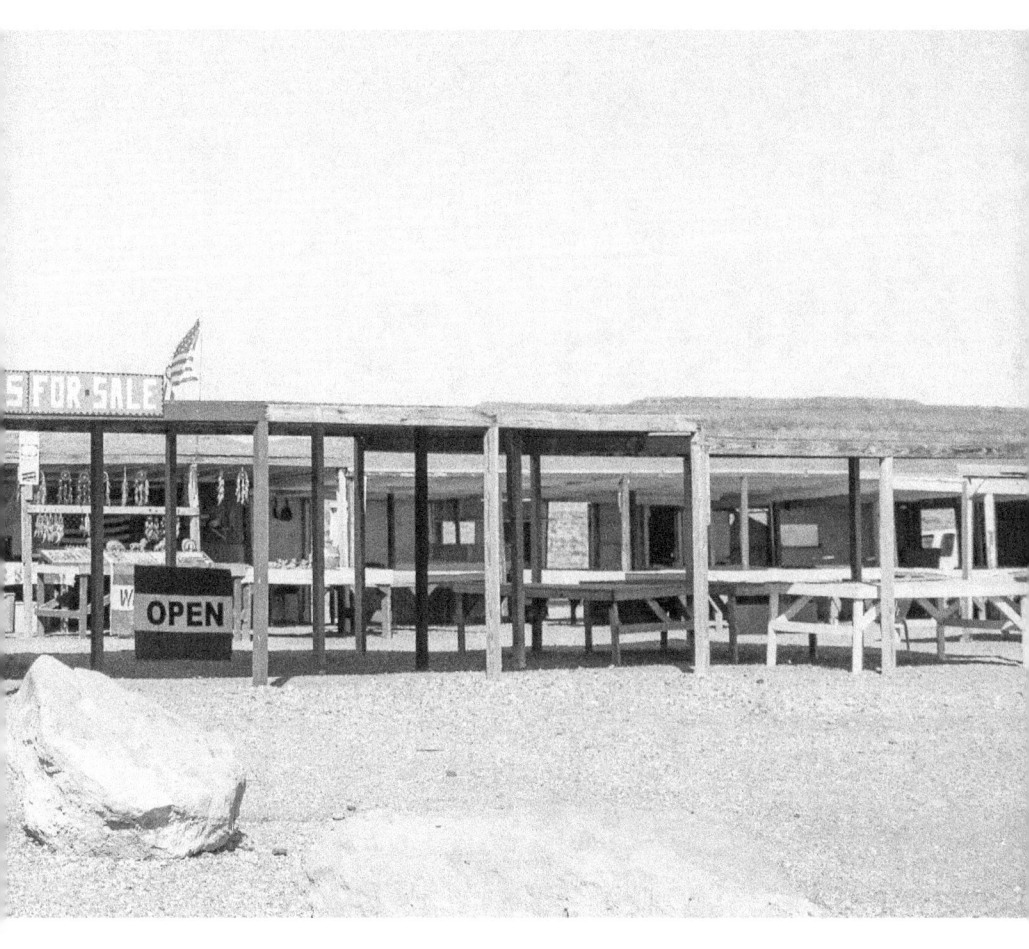

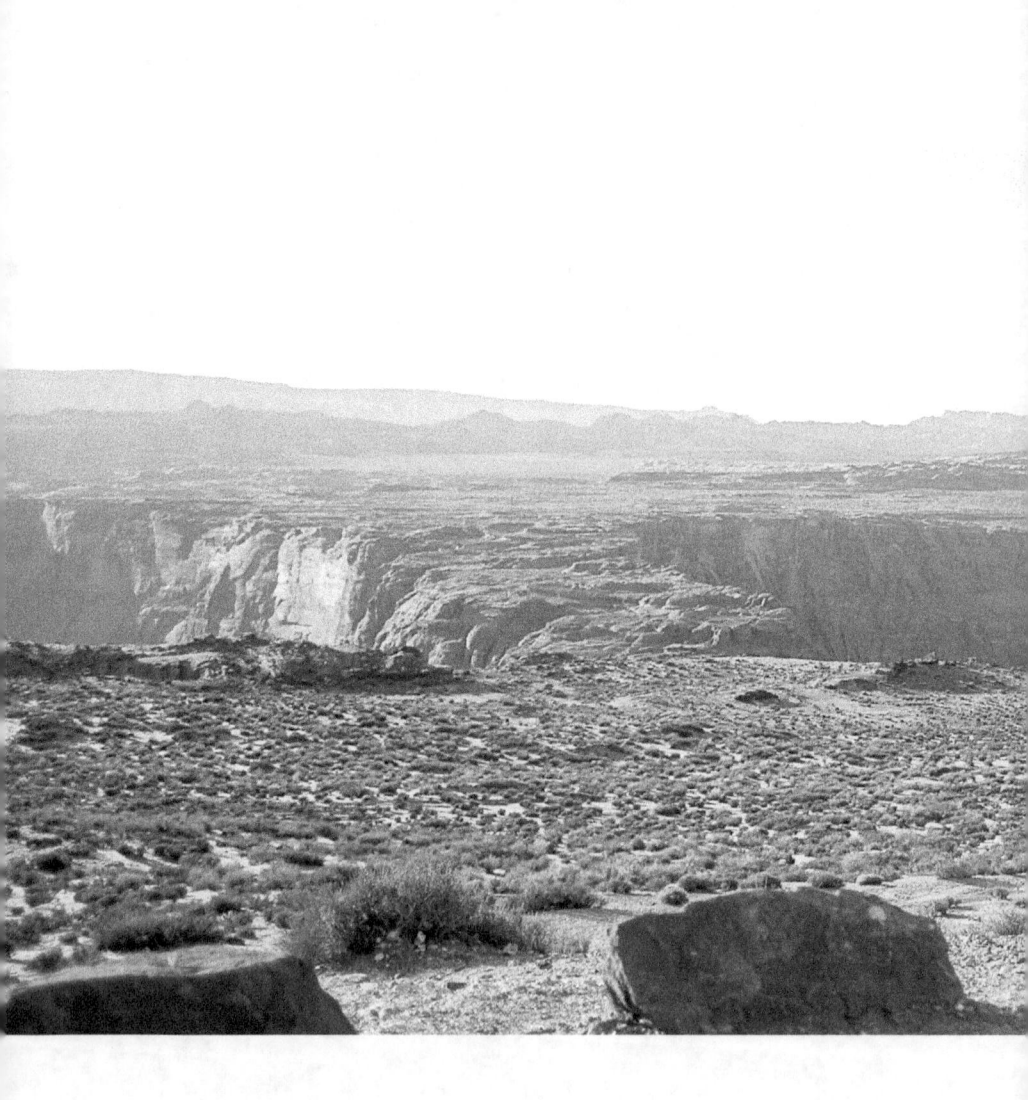

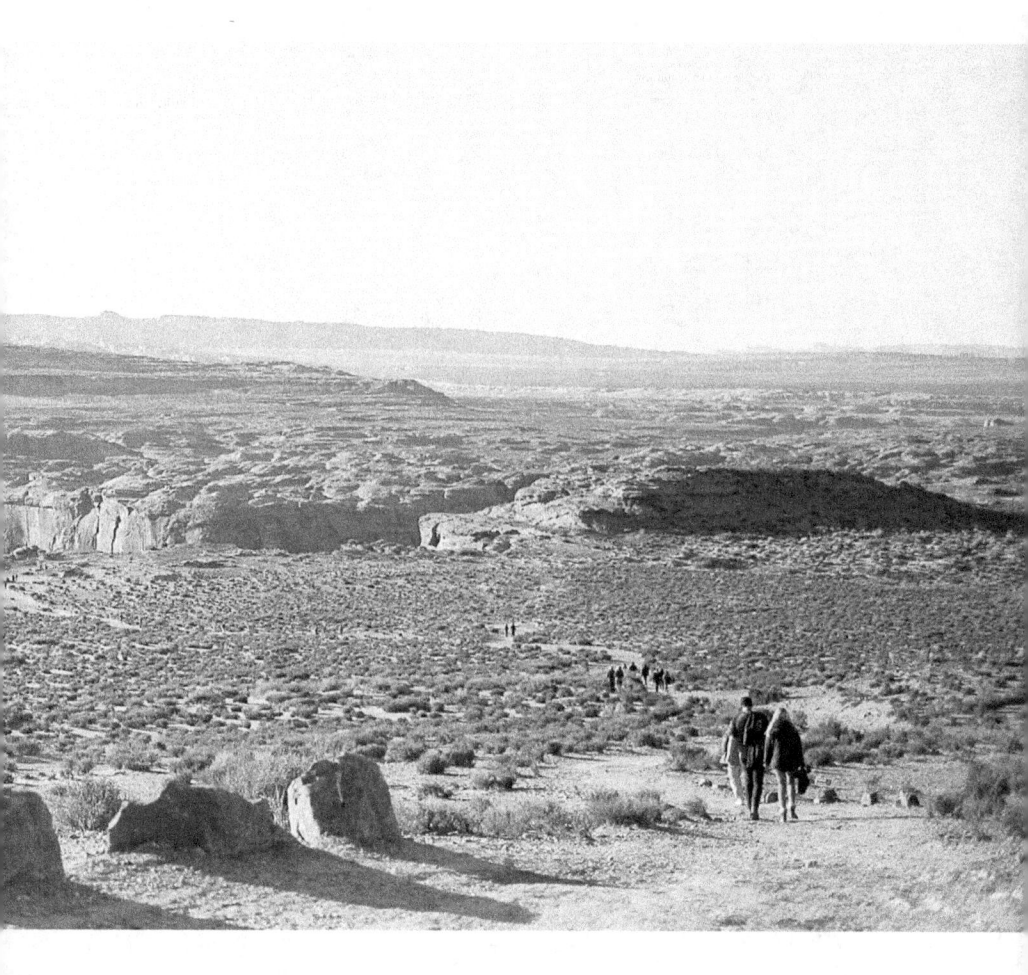

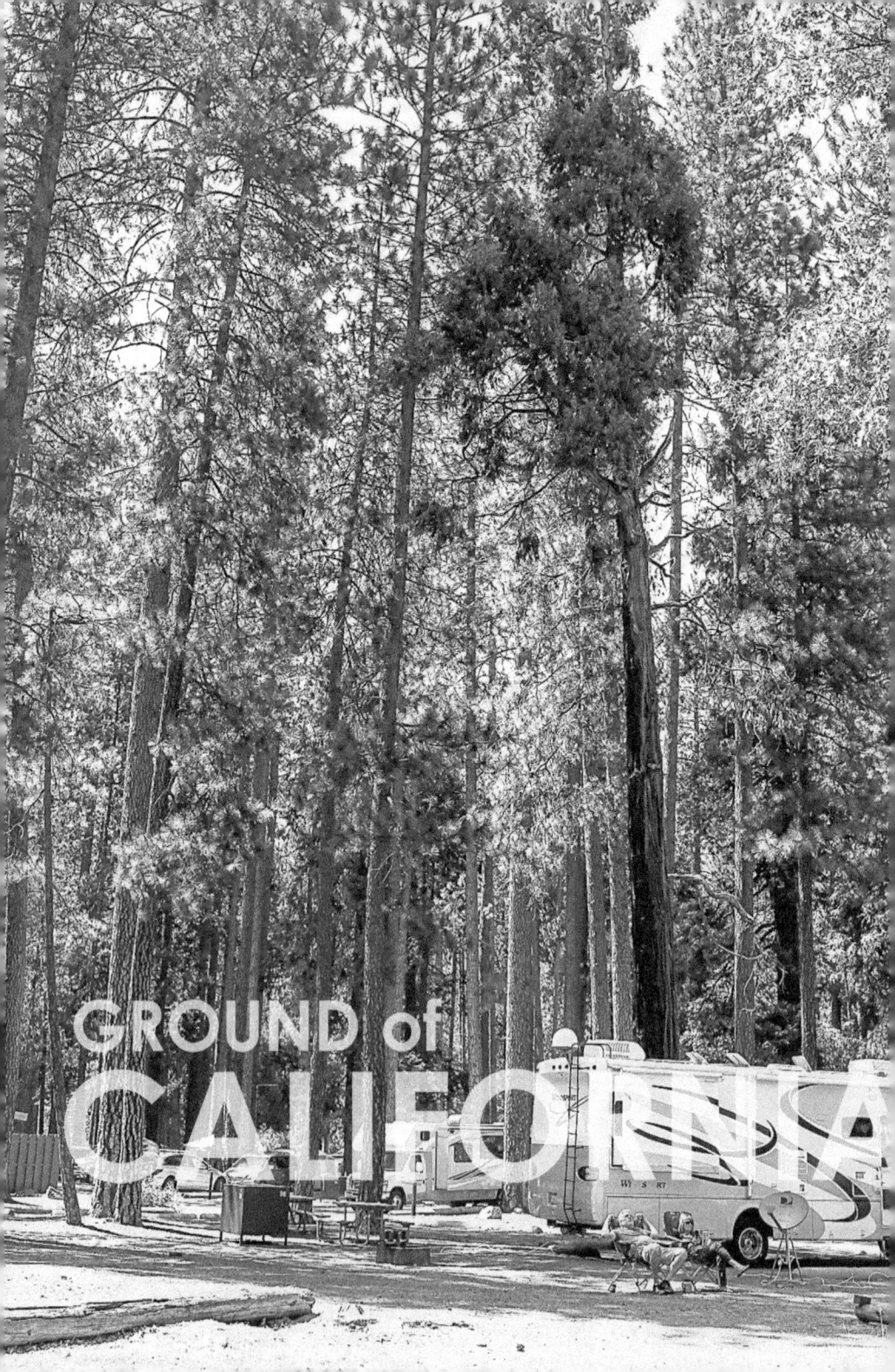

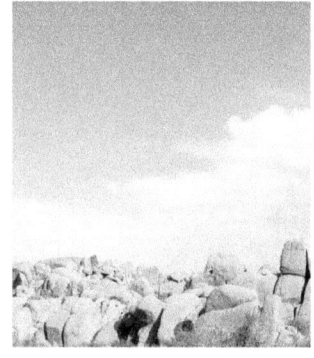 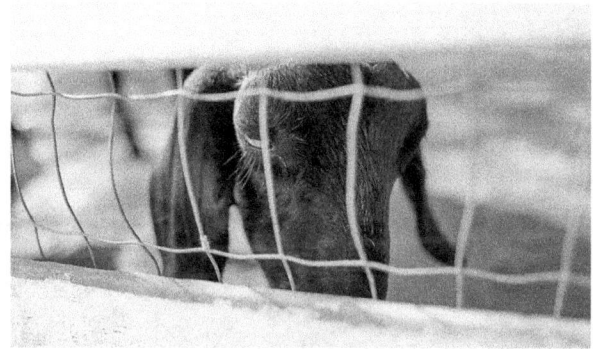

monthly record

	1	2	3	4	5	6	7	8	9	10	11	12	13
Workout													
Love													
Study													
Payment													

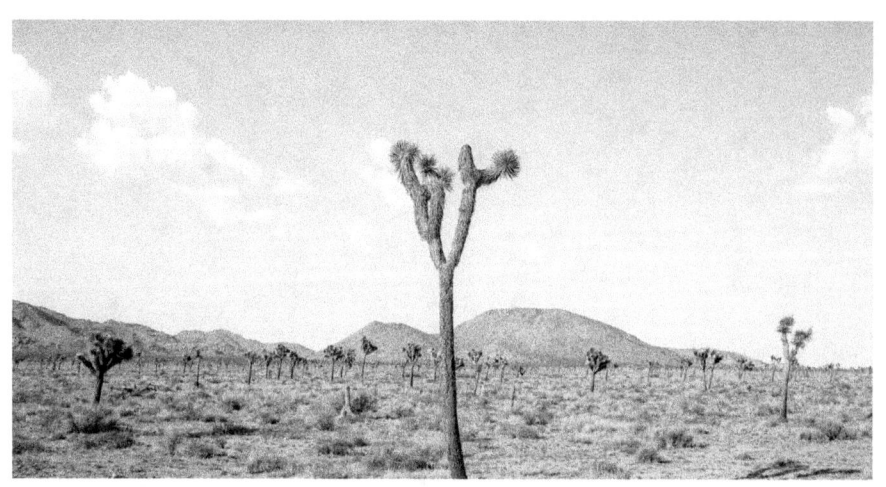

14 15 16 17 18 19 20 21 22 23 24 25 26 27 28 29 30 31

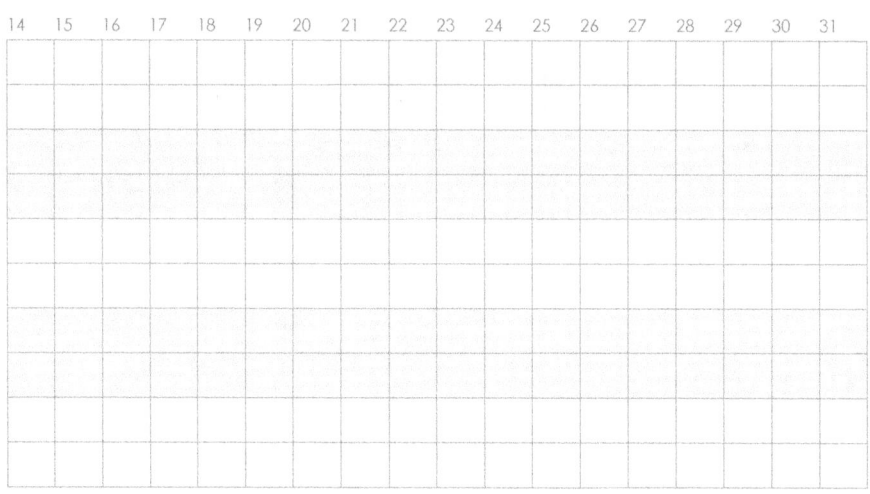

1 2 3 4 5 6 7 8 9 10 11 12 | 2017

SUNDAY	MONDAY	TUESDAY	WEDNESDAY

THURSDAY	FRIDAY	SATURDAY	NOTE

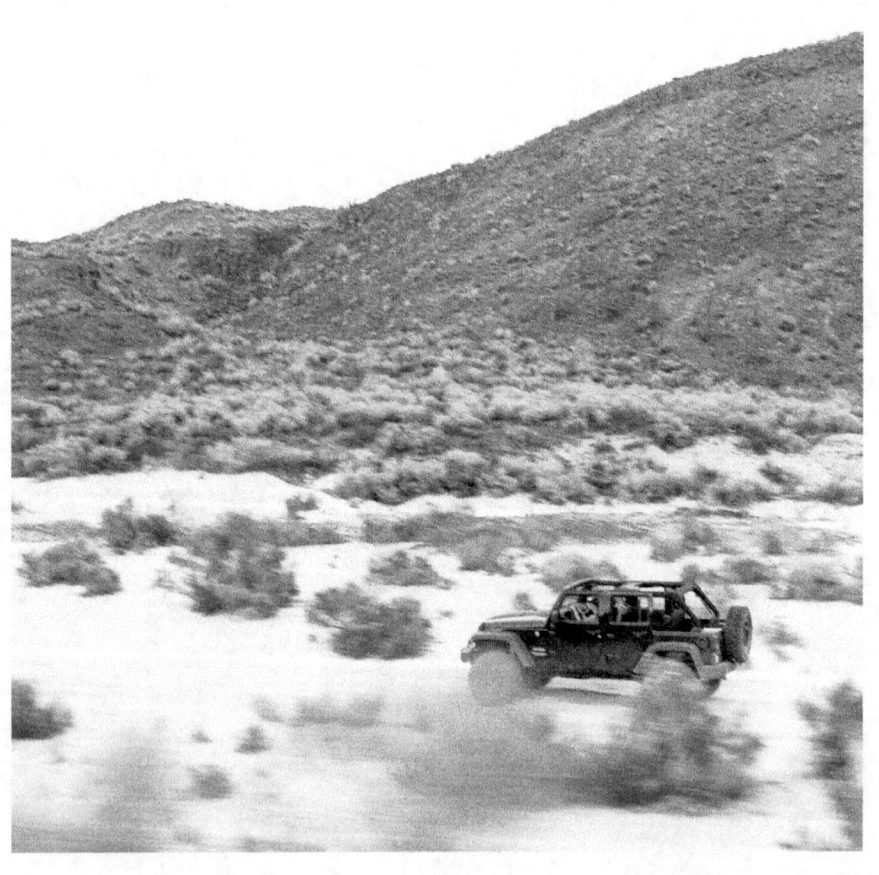

Off Life
Red Rock Canyon State Park, CA

W E E K L Y

DATE		MORNING	AFTERNOON	EVENING	NOTE
SU	/				
M	/				
TU	/				
W	/				
TH	/				
F	/				
SA	/				

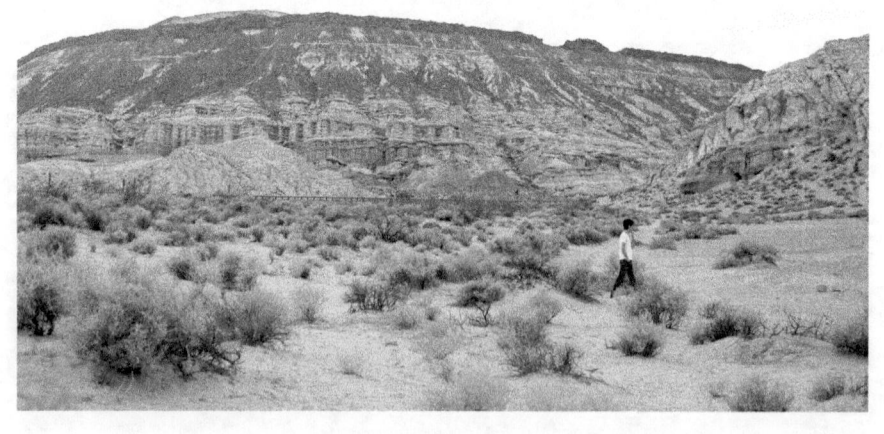

A Man
Red Rock Canyon State Park, CA

WEEKLY

DATE		MORNING	AFTERNOON	EVENING	NOTE
SU	/				
M	/				
TU	/				
W	/				
TH	/				
F	/				
SA	/				

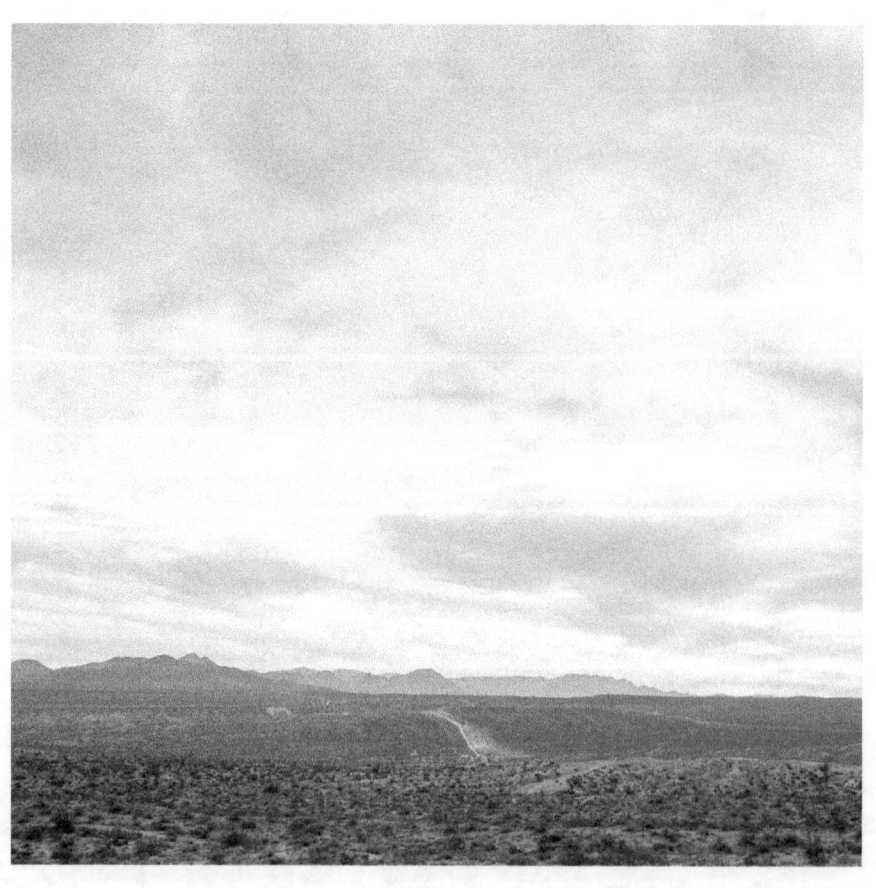

Here I Am, On the Road Again
Mojave, CA

W E E K L Y

DATE		MORNING	AFTERNOON	EVENING	NOTE
SU	/				
M	/				
TU	/				
W	/				
TH	/				
F	/				
SA	/				

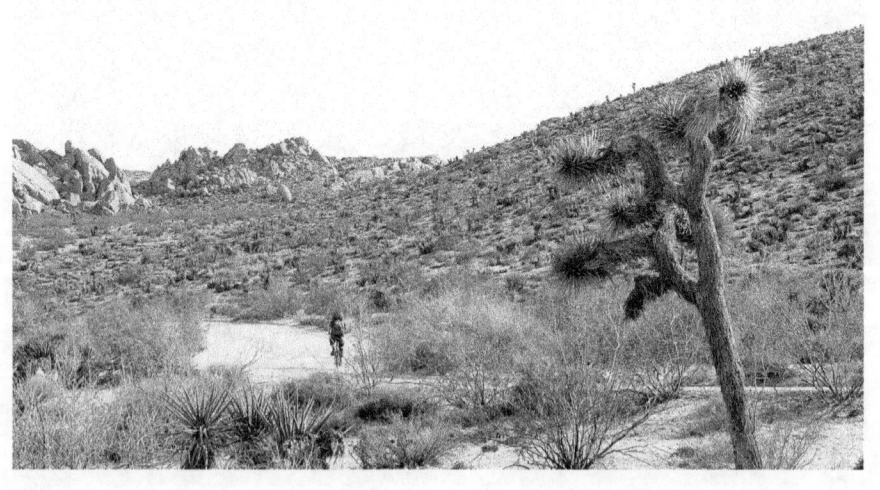

You Are Not Alone
Joshua Tree National Park, CA

W E E K L Y

DATE		MORNING	AFTERNOON	EVENING	NOTE
SU	/				
M	/				
TU	/				
W	/				
TH	/				
F	/				
SA	/				

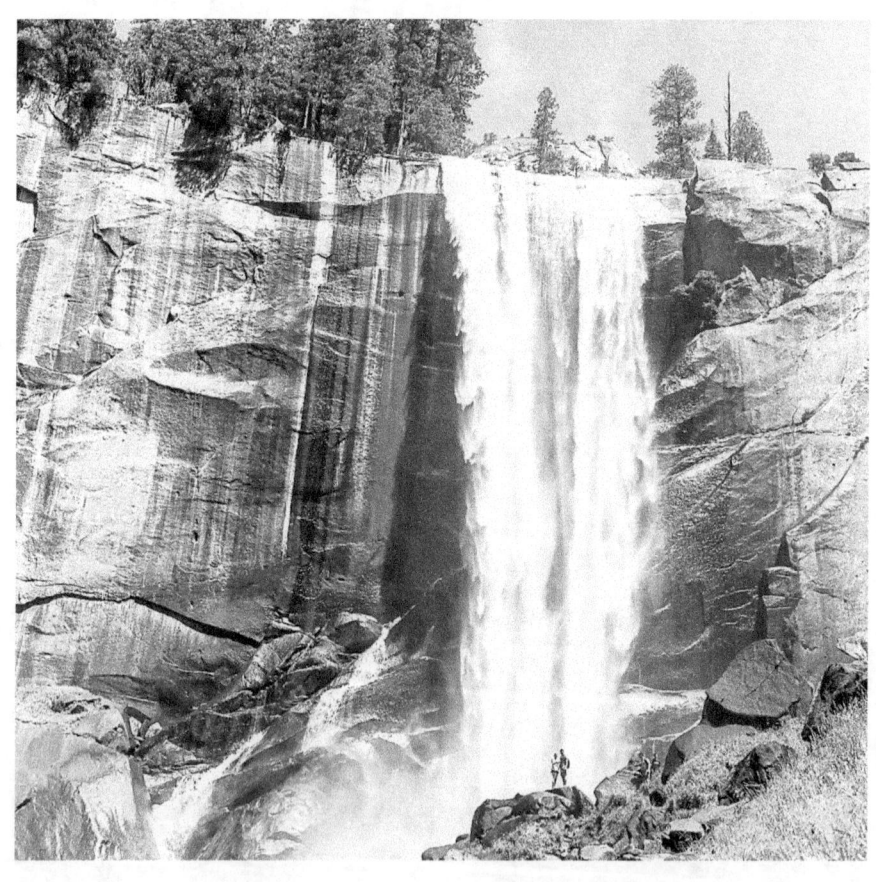

And the Yosemite Waterfall High
Yosemite National Park, CA

W E E K L Y

DATE		MORNING	AFTERNOON	EVENING	NOTE
SU	/				
M	/				
TU	/				
W	/				
TH	/				
F	/				
SA	/				

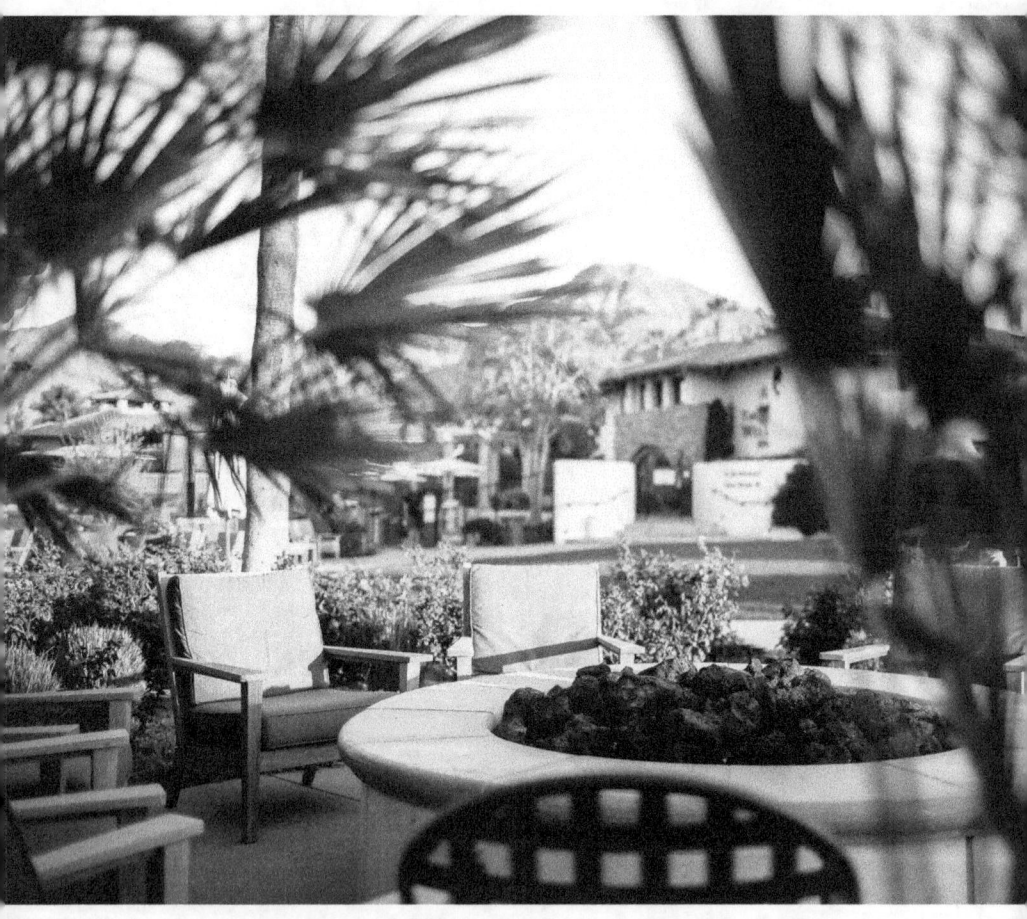

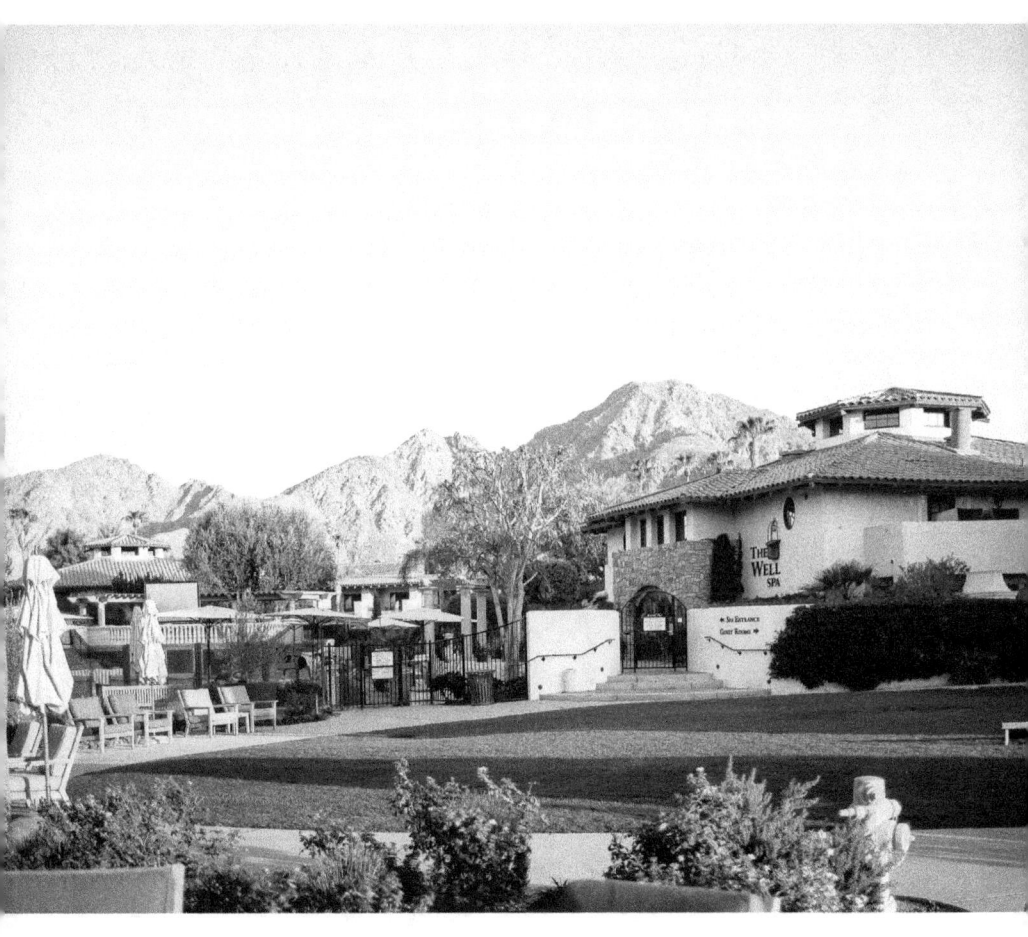

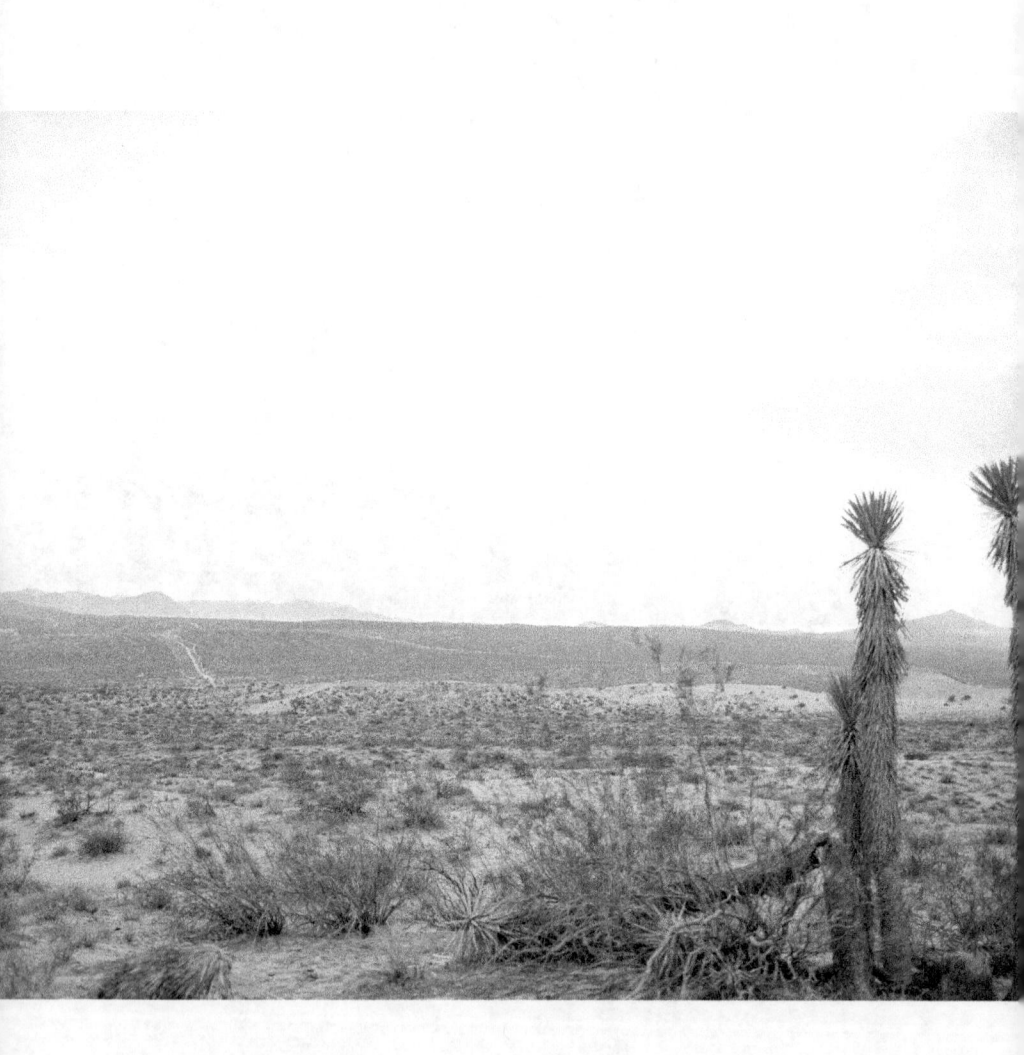

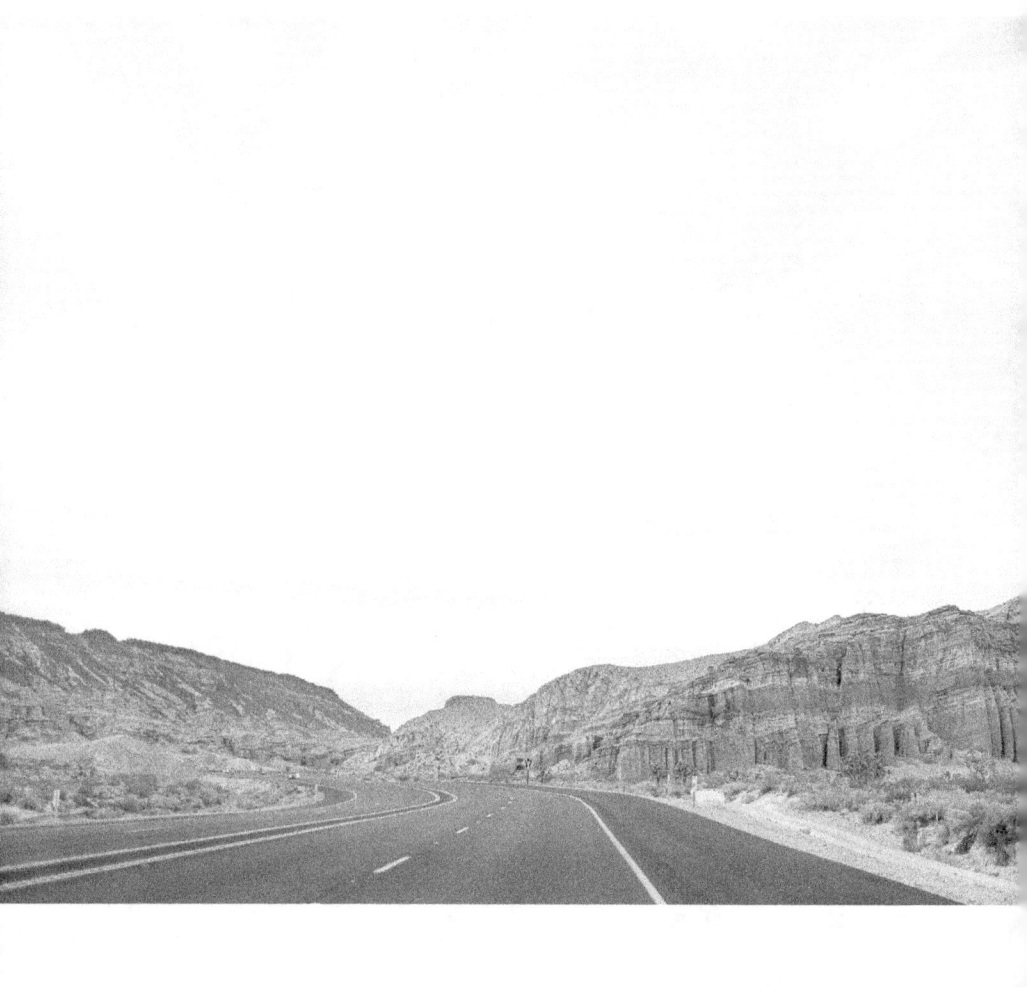

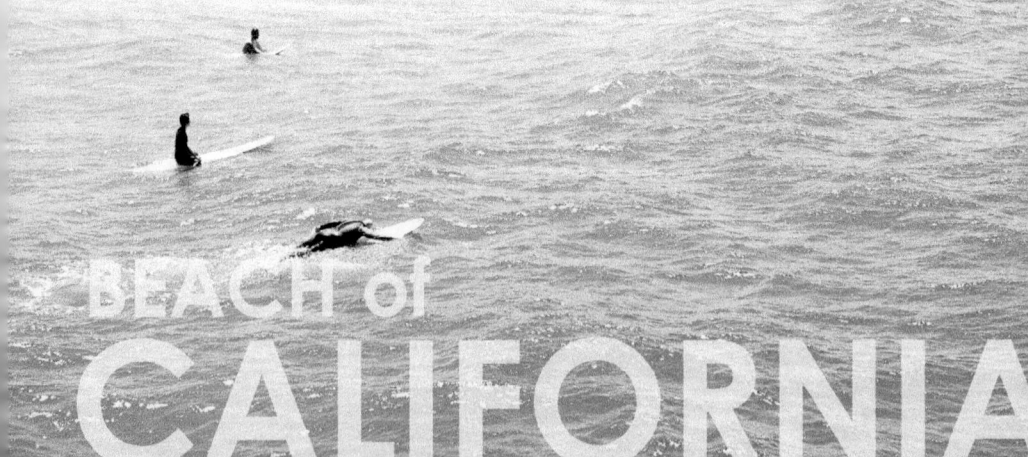

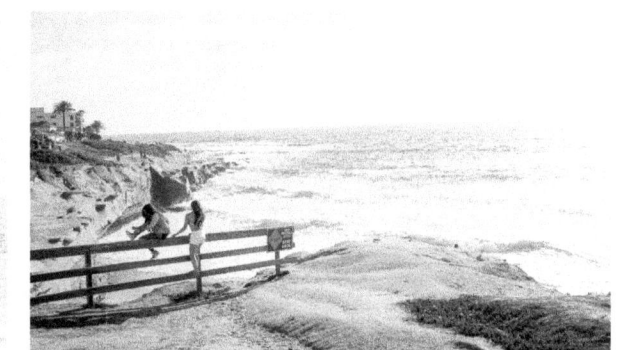

monthly record

	1	2	3	4	5	6	7	8	9	10	11	12	13
Workout													
Love													
Study													
Payment													

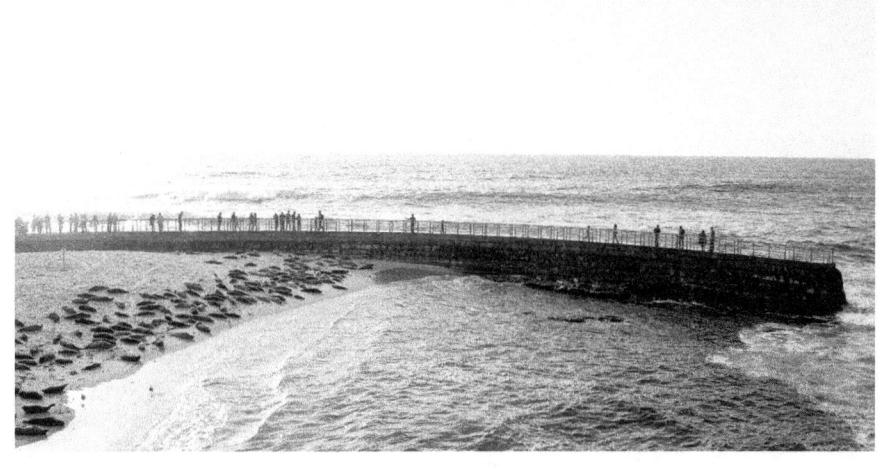

14 15 16 17 18 19 20 21 22 23 24 25 26 27 28 29 30 31

SUNDAY	MONDAY	TUESDAY	WEDNESDAY

THURSDAY	FRIDAY	SATURDAY	NOTE

Overlook
Muir Beach, CA

W E E K L Y

DATE		MORNING	AFTERNOON	EVENING	NOTE
SU	/				
M	/				
TU	/				
W	/				
TH	/				
F	/				
SA	/				

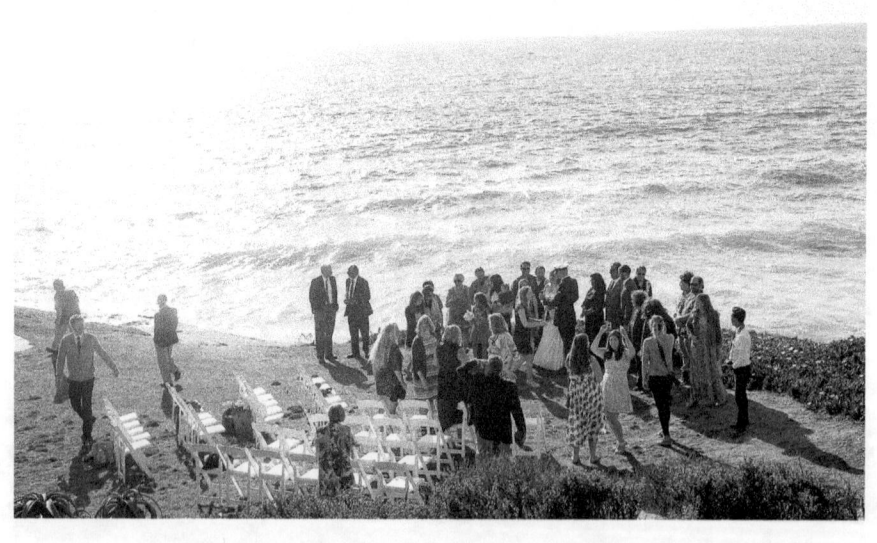

Looking for Something Smart to Do
La Jolla, CA

W E E K L Y

DATE		MORNING	AFTERNOON	EVENING	NOTE
SU	/				
M	/				
TU	/				
W	/				
TH	/				
F	/				
SA	/				

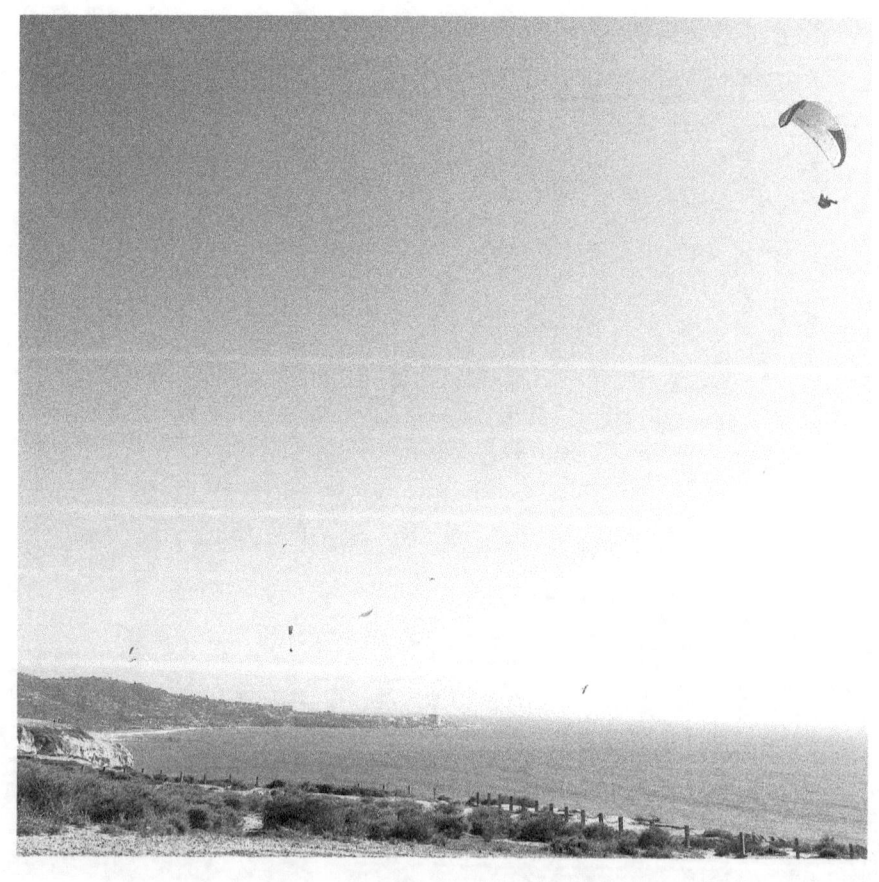

Spread Your Wings
La Jolla, CA

W E E K L Y

DATE		MORNING	AFTERNOON	EVENING	NOTE
SU	/				
M	/				
TU	/				
W	/				
TH	/				
F	/				
SA	/				

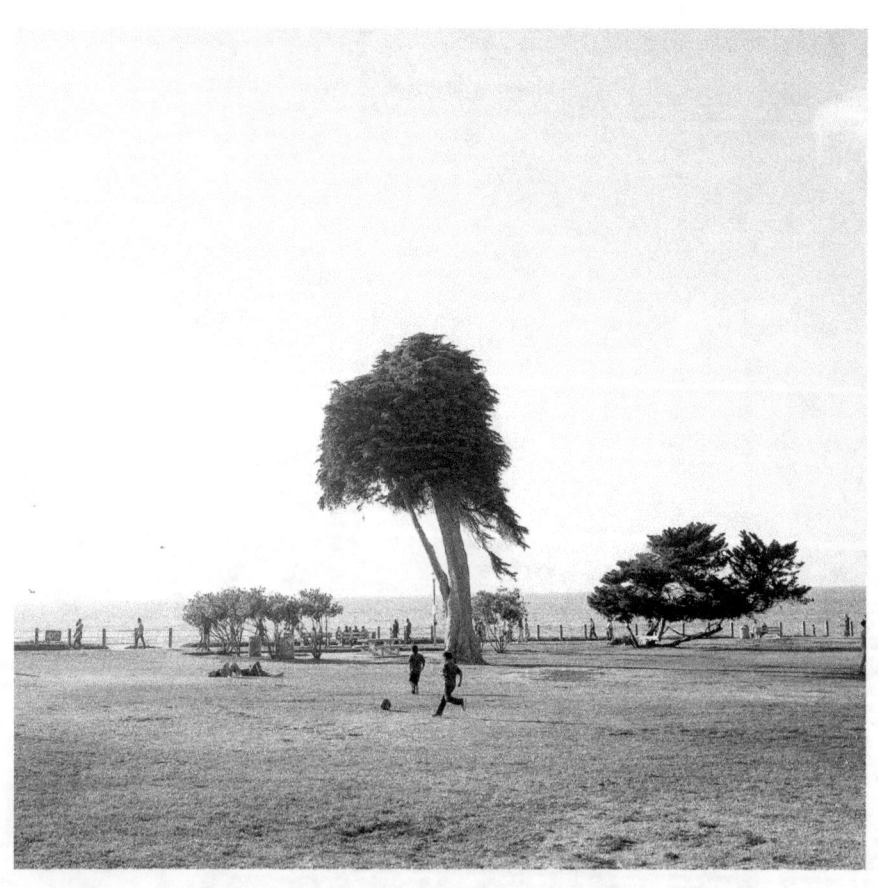

Lazing on a Sunday Afternoon
Scripps Park, San Diego, CA

W E E K L Y

DATE		MORNING	AFTERNOON	EVENING	NOTE
SU	/				
M	/				
TU	/				
W	/				
TH	/				
F	/				
SA	/				

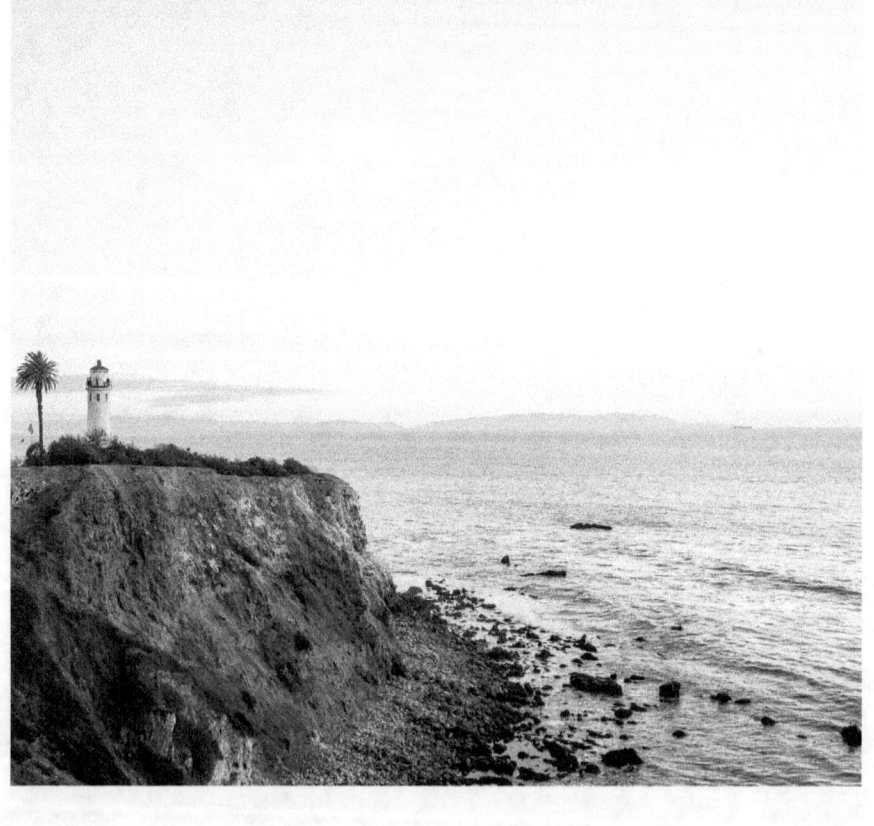

Sunset Over the Pacific Ocean
Point Vicente, CA

W E E K L Y

DATE		MORNING	AFTERNOON	EVENING	NOTE
SU	/				
M	/				
TU	/				
W	/				
TH	/				
F	/				
SA	/				

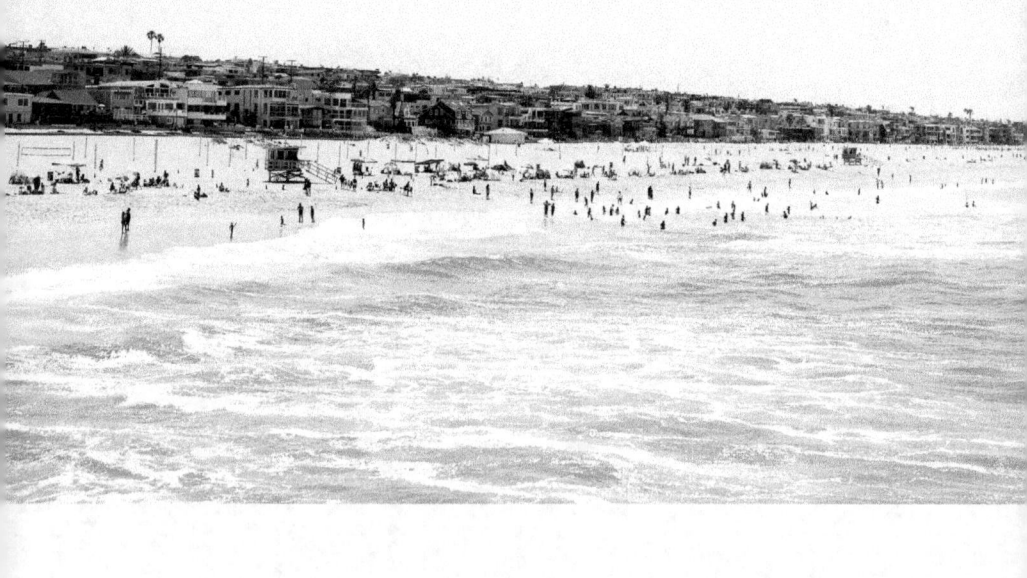

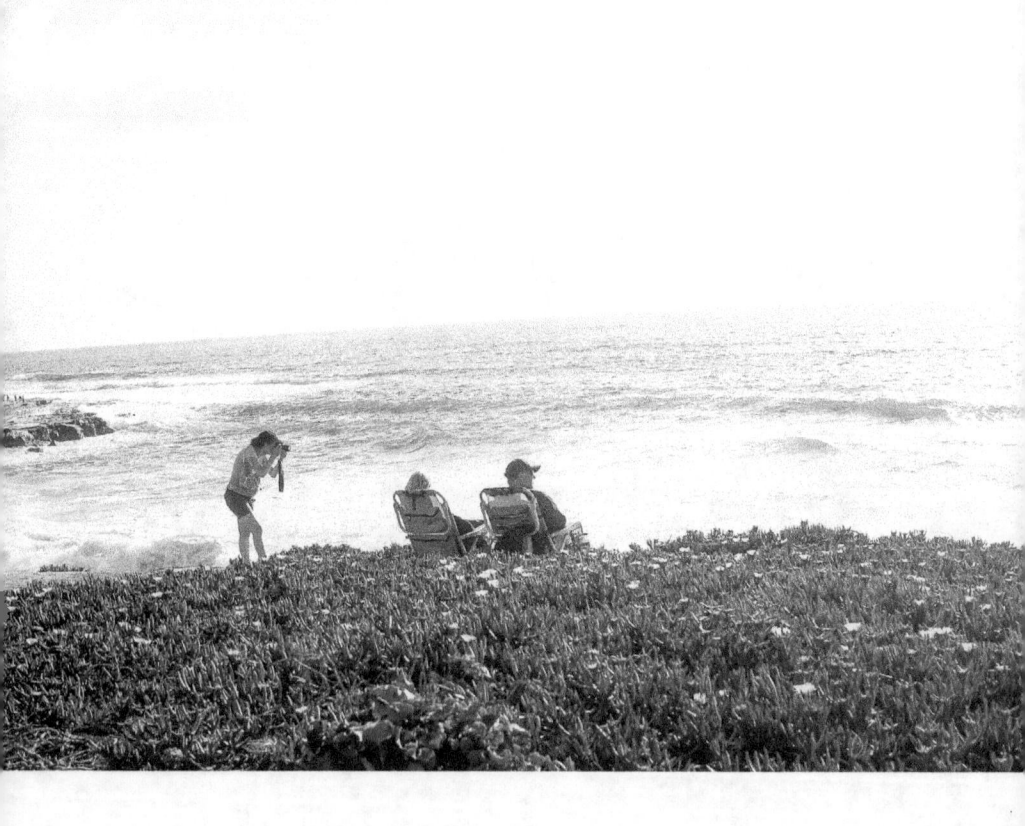

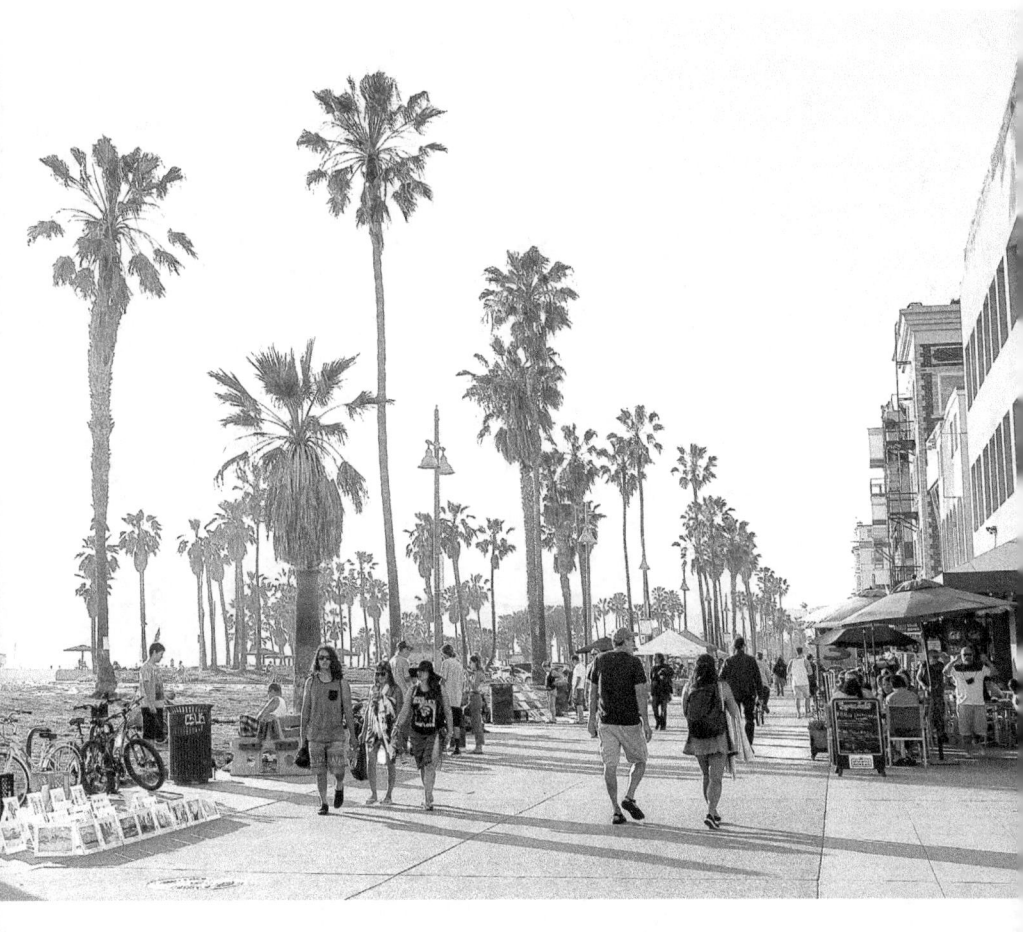

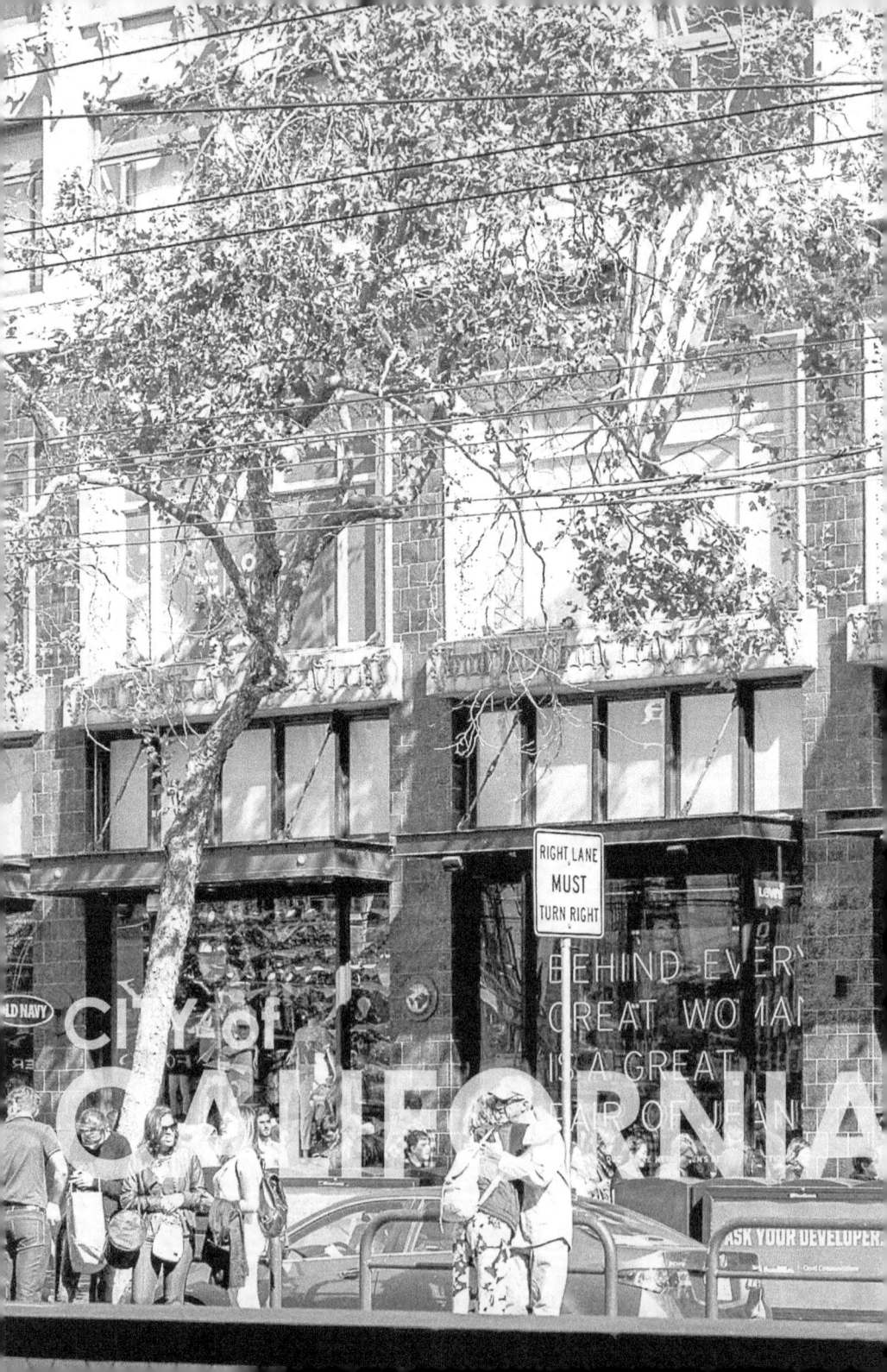

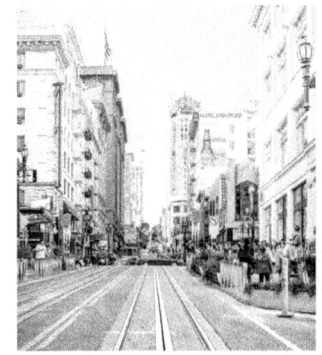
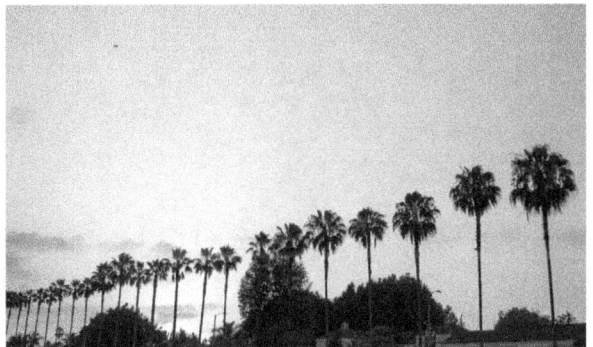

monthly record

	1	2	3	4	5	6	7	8	9	10	11	12	13
Workout													
Love													
Study													
Payment													

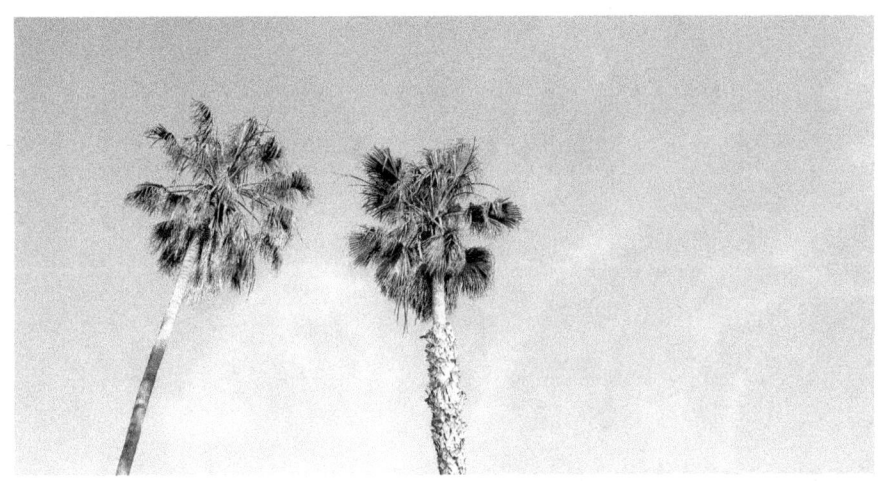

14   15   16   17   18   19   20   21   22   23   24   25   26   27   28   29   30   31

1 2 3 4 5 6 7 8 9 10 11 12 | 2017

SUNDAY	MONDAY	TUESDAY	WEDNESDAY

THURSDAY	FRIDAY	SATURDAY	NOTE

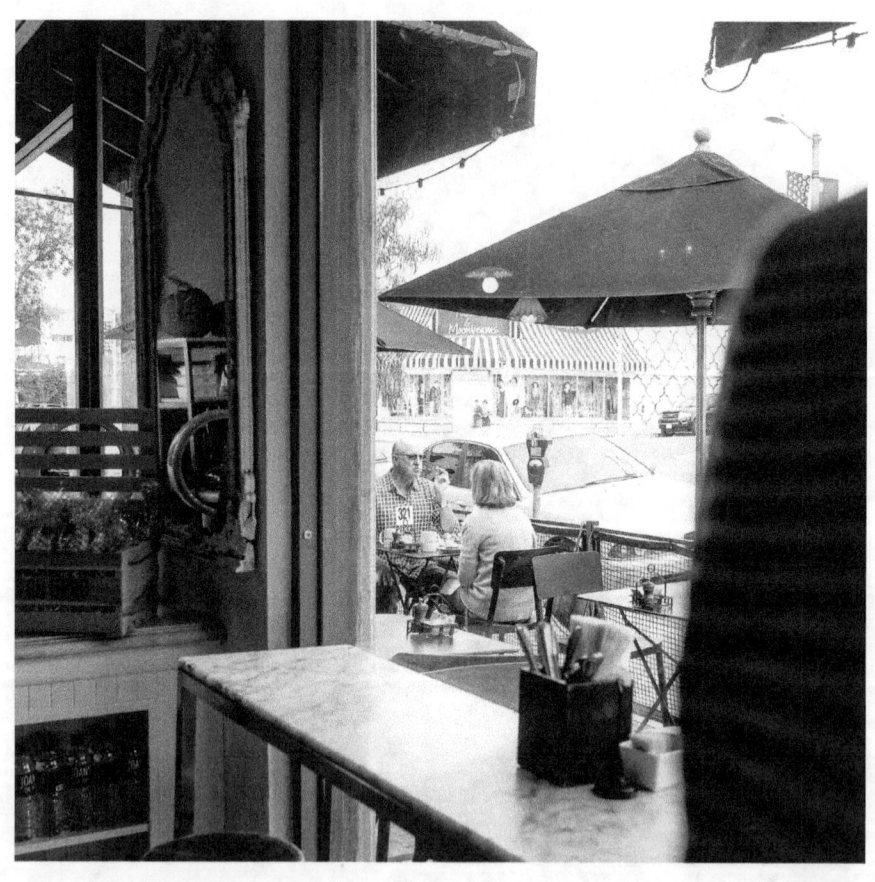

Good Morning Talk
Los Angeles, CA

W E E K L Y

DATE		MORNING	AFTERNOON	EVENING	NOTE
SU	/				
M	/				
TU	/				
W	/				
TH	/				
F	/				
SA	/				

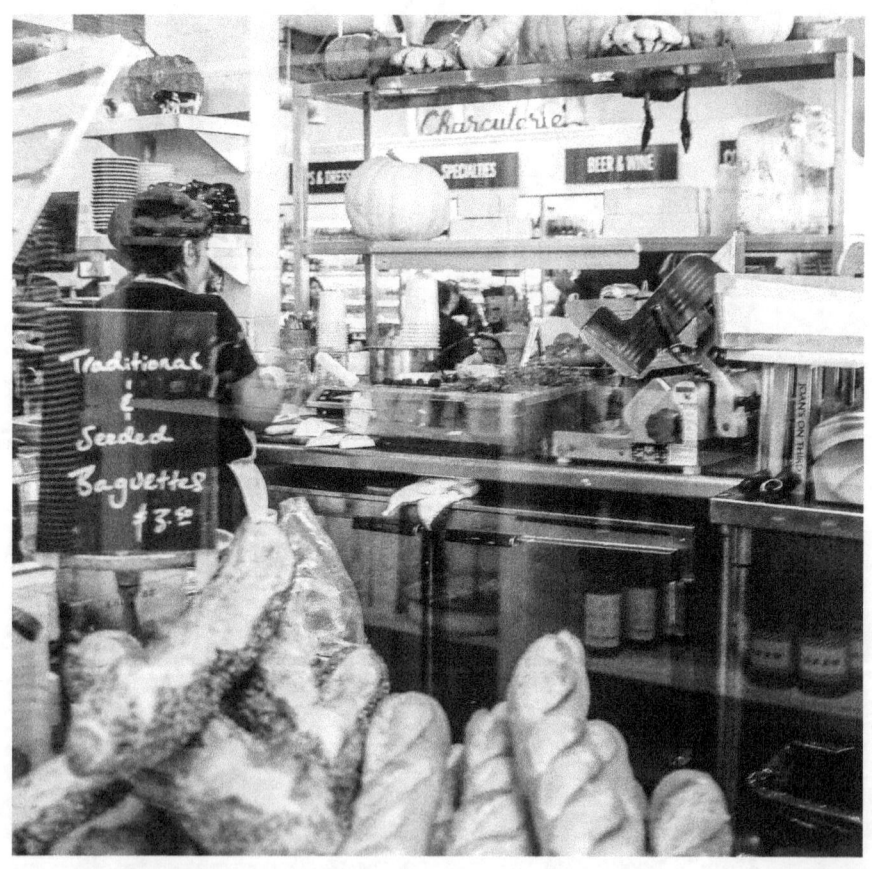

Joan's on Third
Los Angeles, CA

W E E K L Y

DATE		MORNING	AFTERNOON	EVENING	NOTE
SU	/				
M	/				
TU	/				
W	/				
TH	/				
F	/				
SA	/				

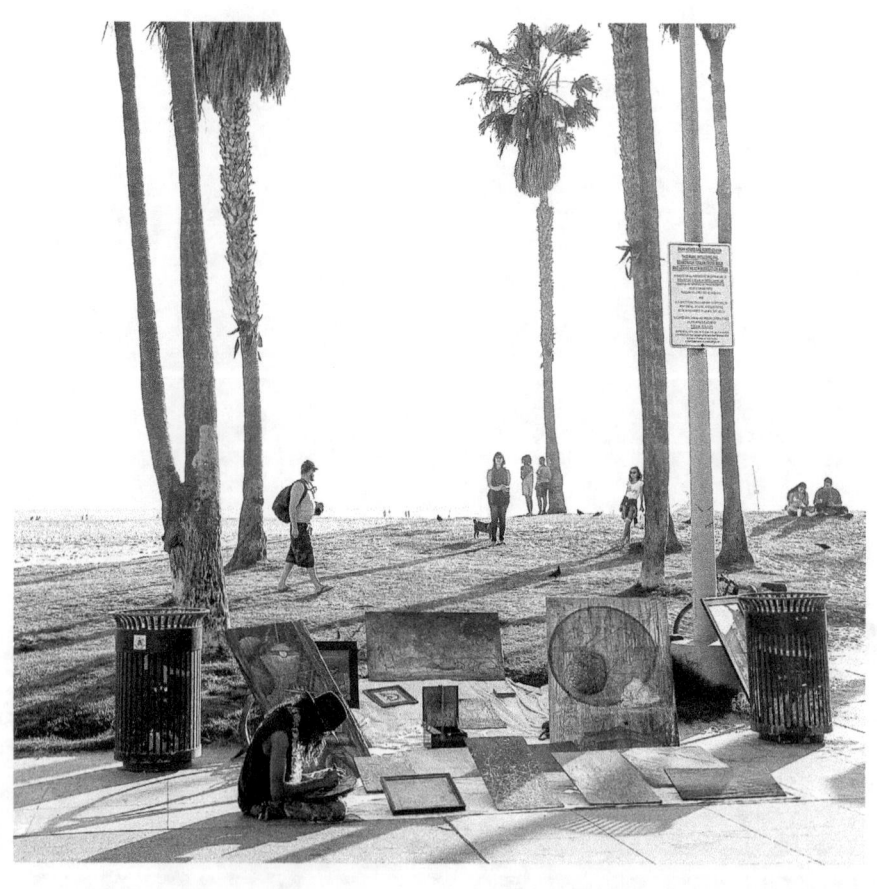

Art to the Art
Venice Beach, CA

W E E K L Y

DATE		MORNING	AFTERNOON	EVENING	NOTE
SU	/				
M	/				
TU	/				
W	/				
TH	/				
F	/				
SA	/				

You Keep This Love
Los Angeles, CA

W E E K L Y

DATE		MORNING	AFTERNOON	EVENING	NOTE
SU	/				
M	/				
TU	/				
W	/				
TH	/				
F	/				
SA	/				

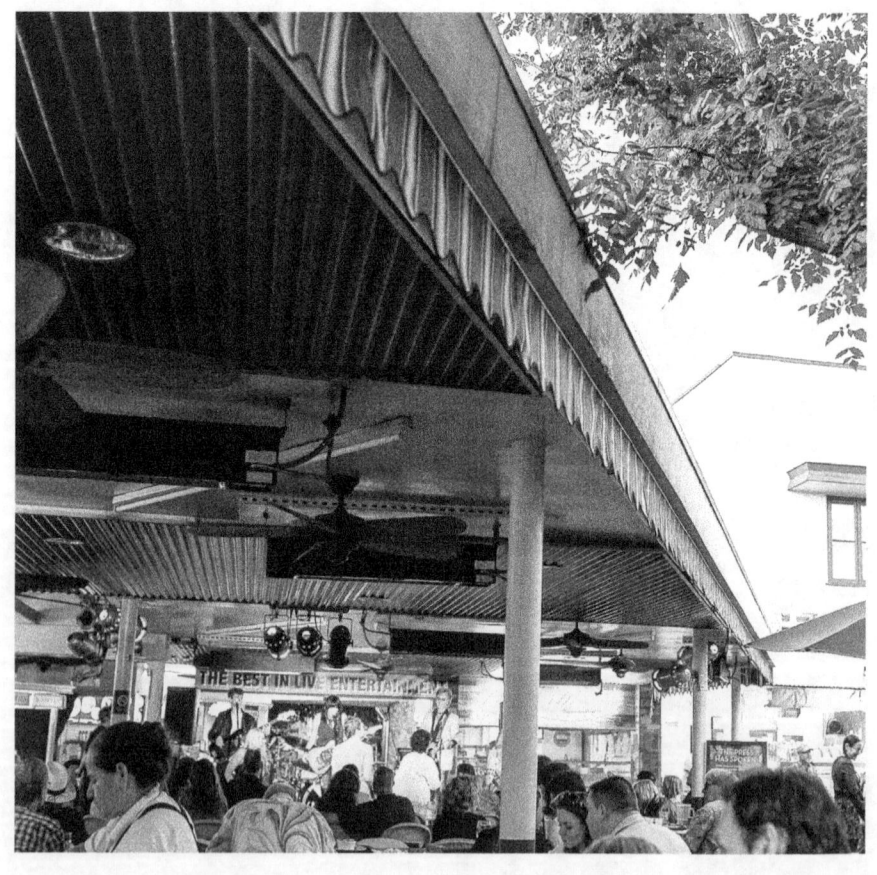

Band of Brothers
Farmers Market, Los Angeles, CA

W E E K L Y

DATE		MORNING	AFTERNOON	EVENING	NOTE
SU	/				
M	/				
TU	/				
W	/				
TH	/				
F	/				
SA	/				

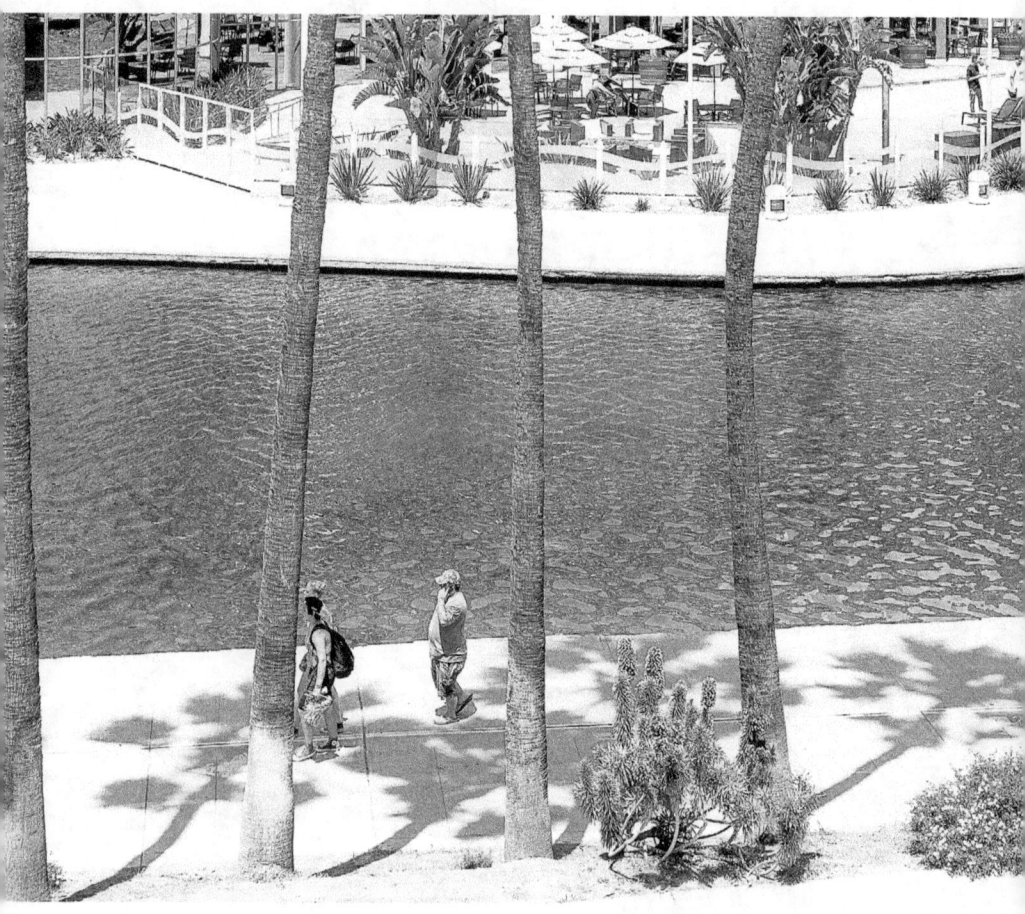

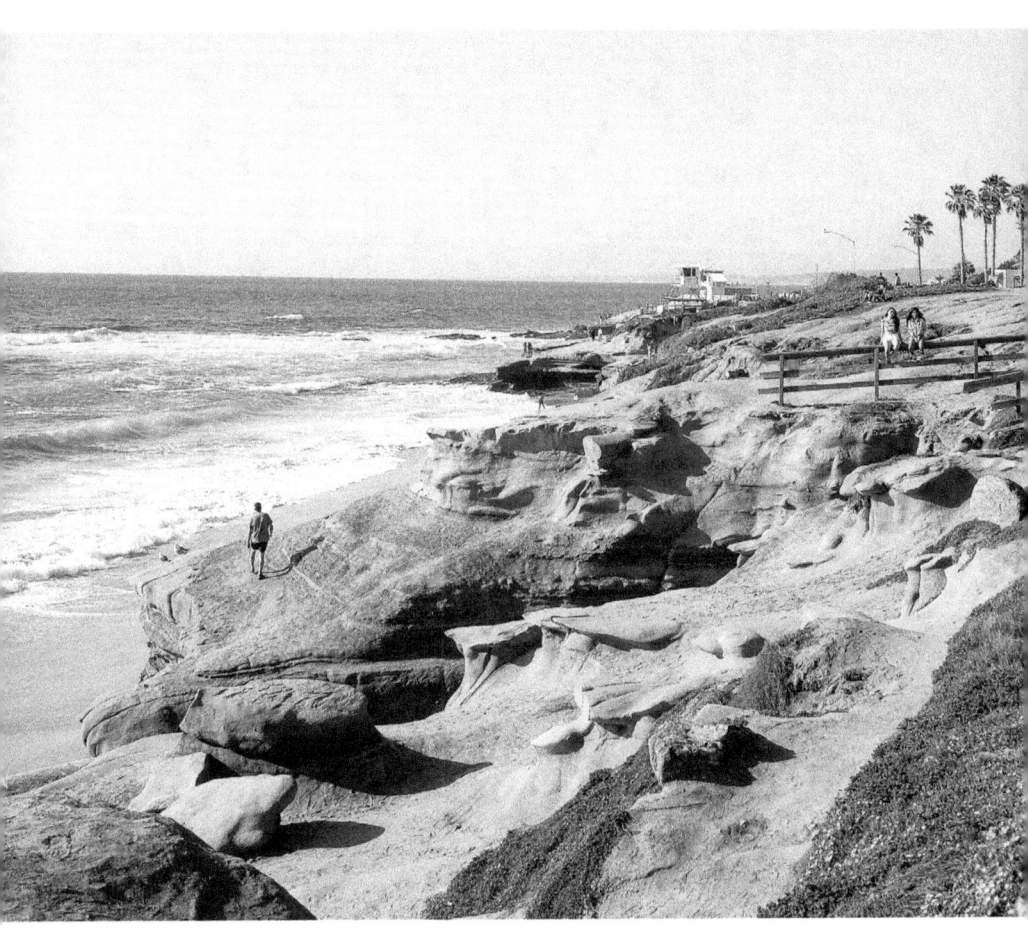

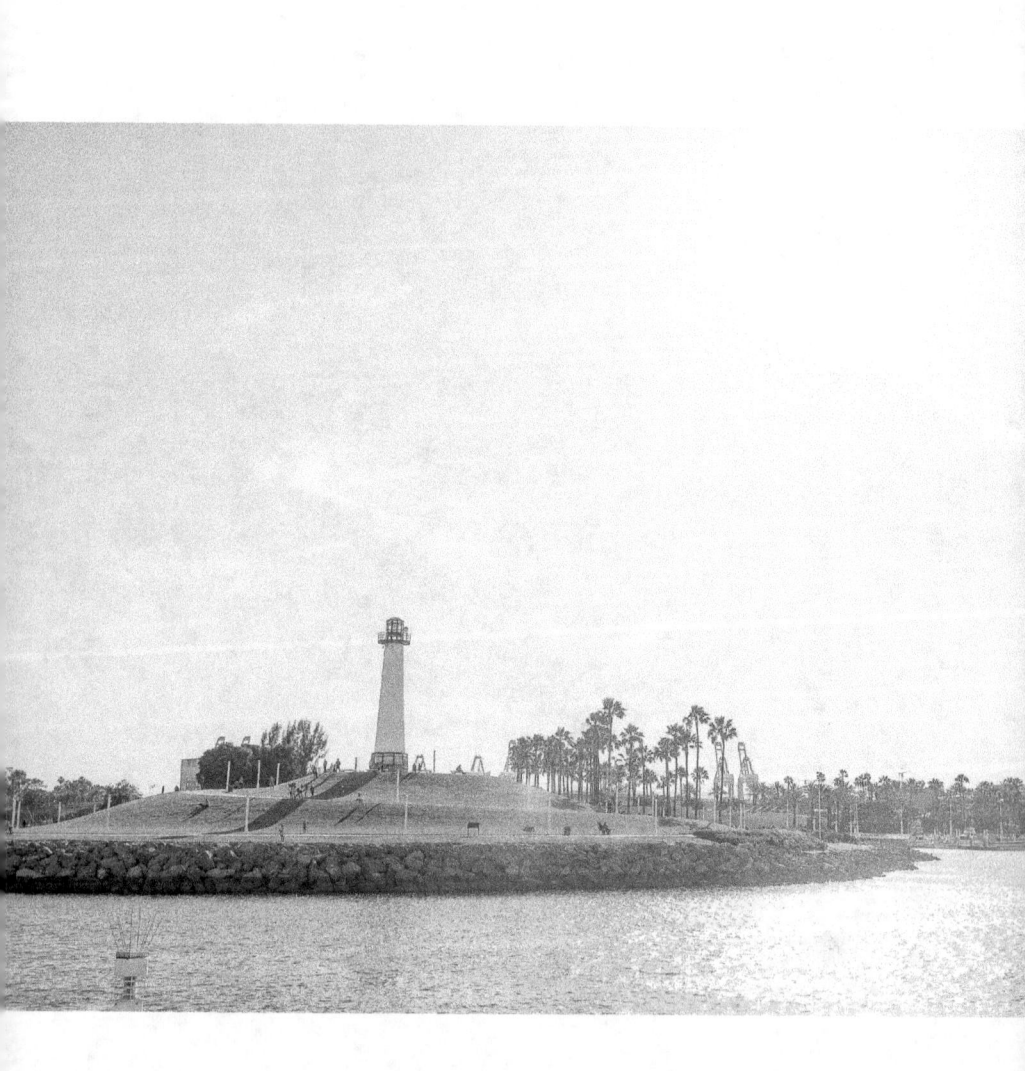

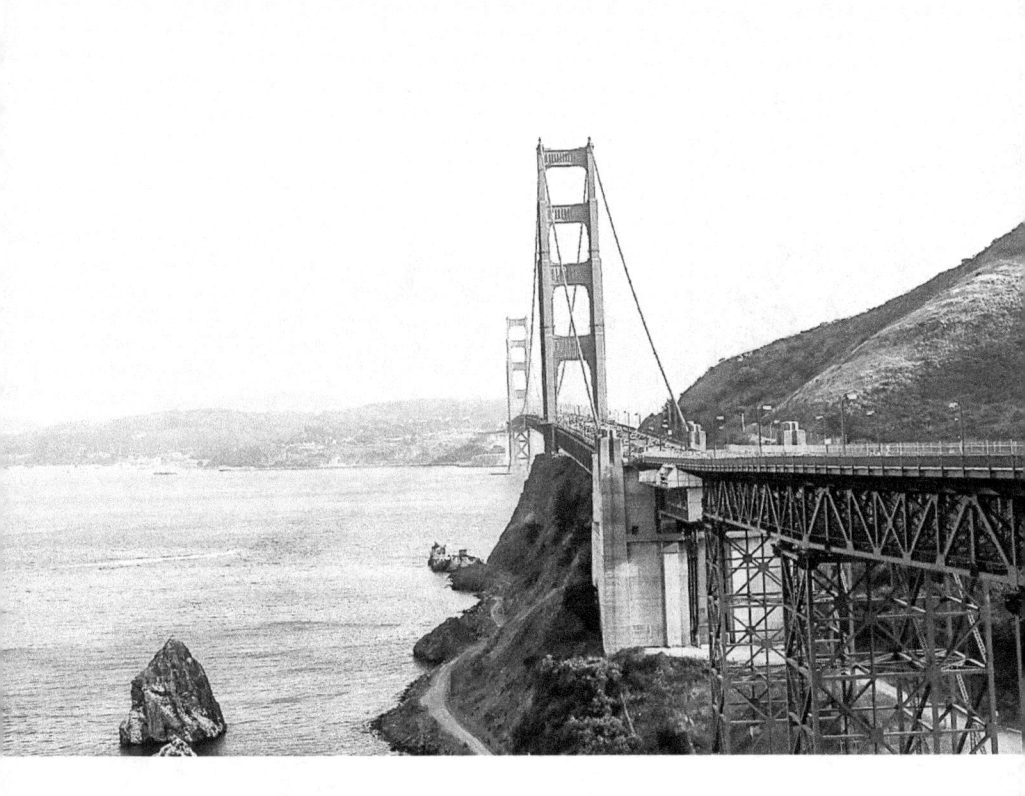

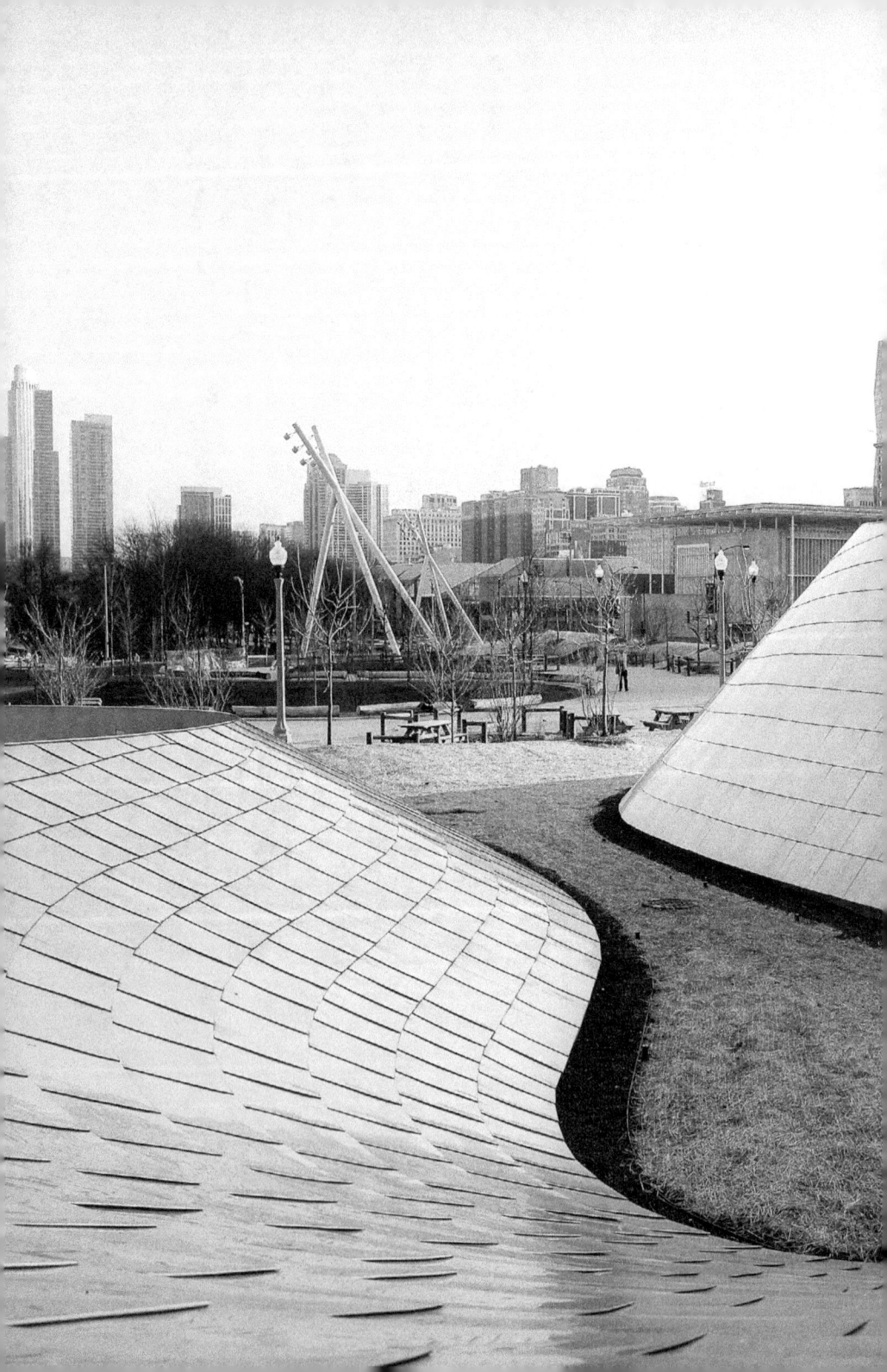

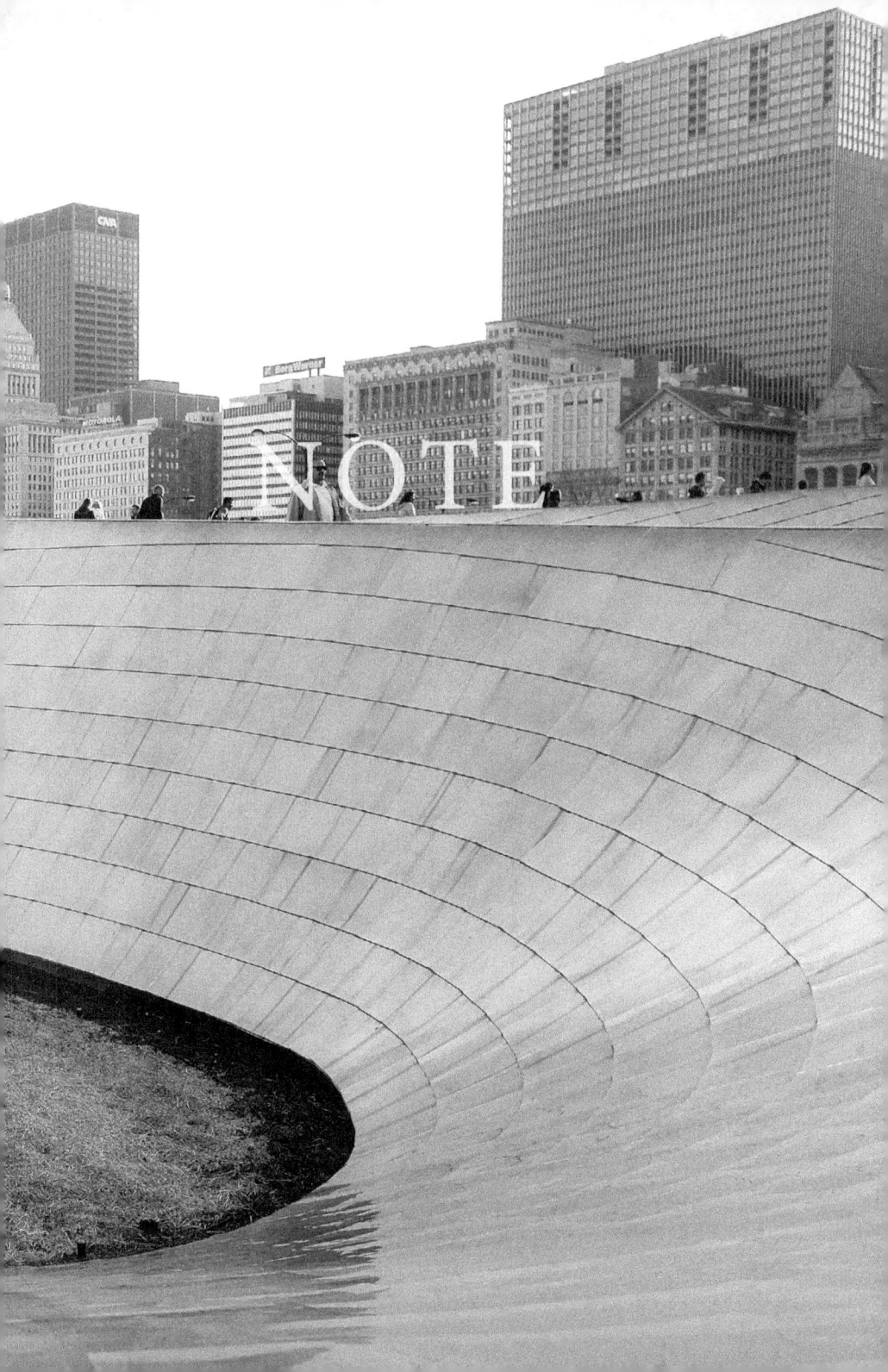

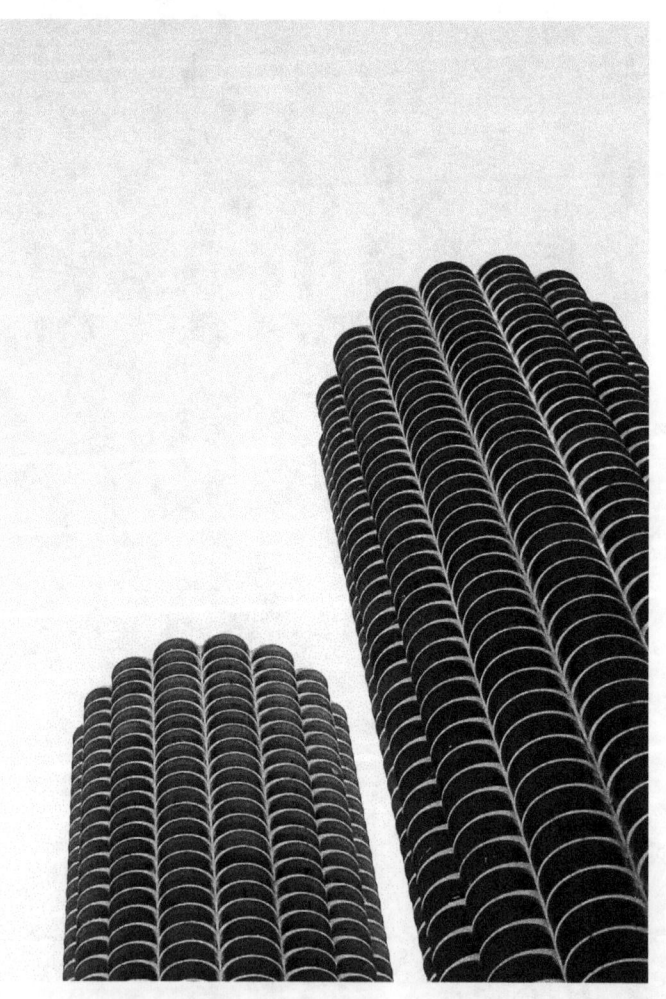

NOTE
____

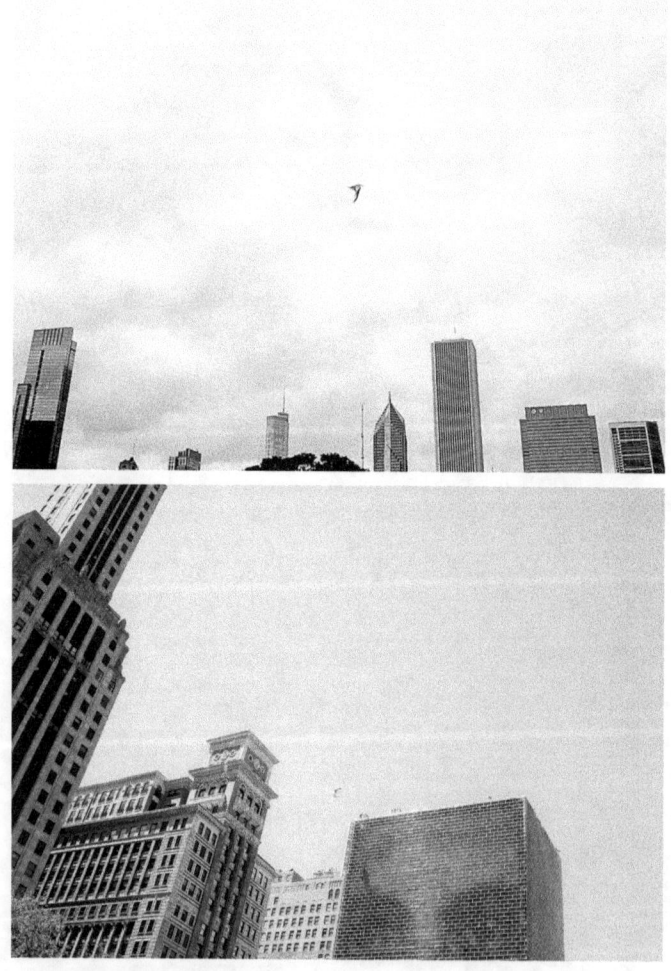

NOTE

_____

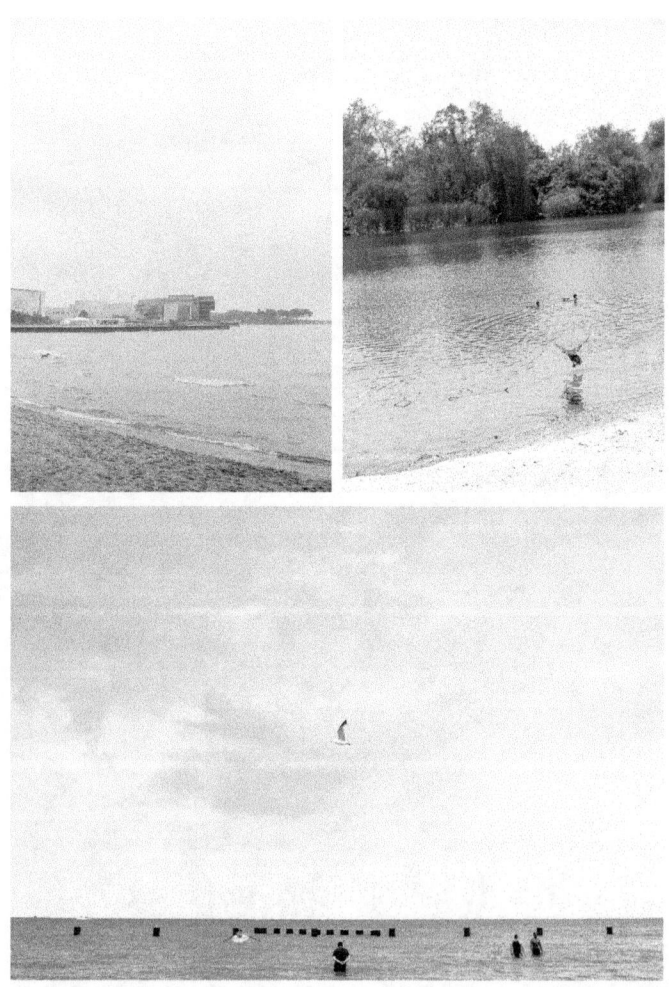

NOTE

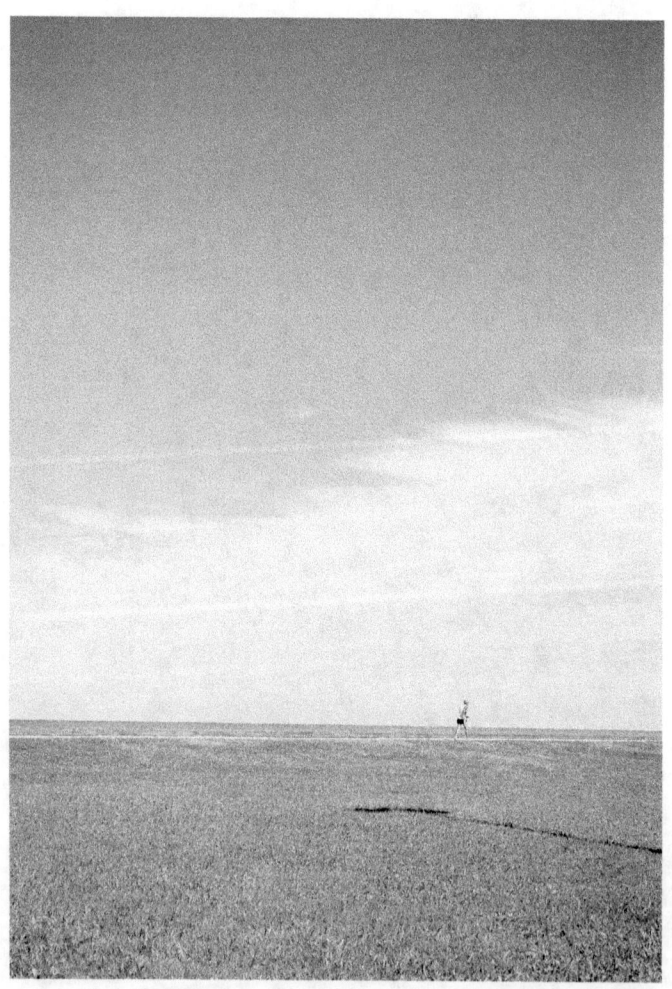

NOTE

CALLERY

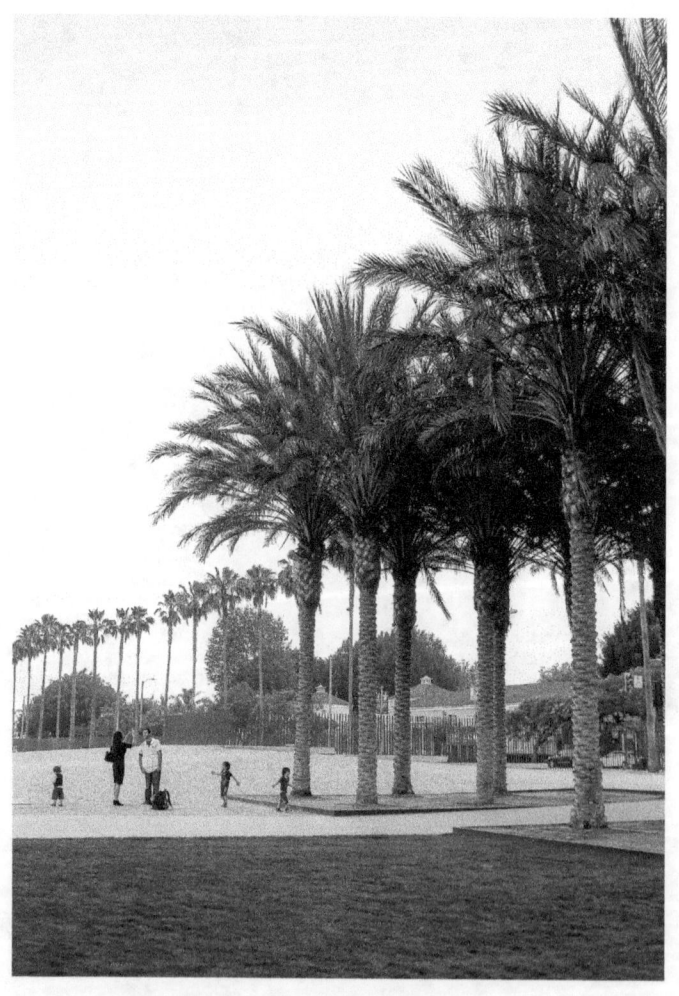

NOTE
_____

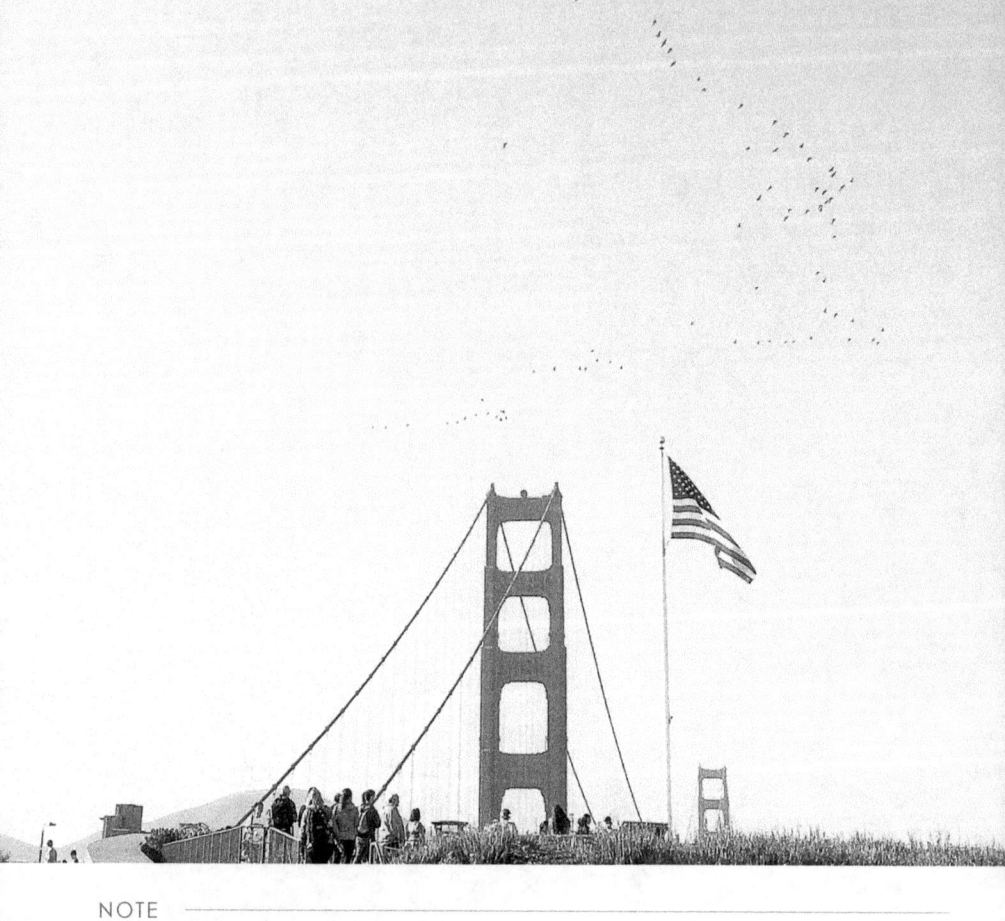

NOTE

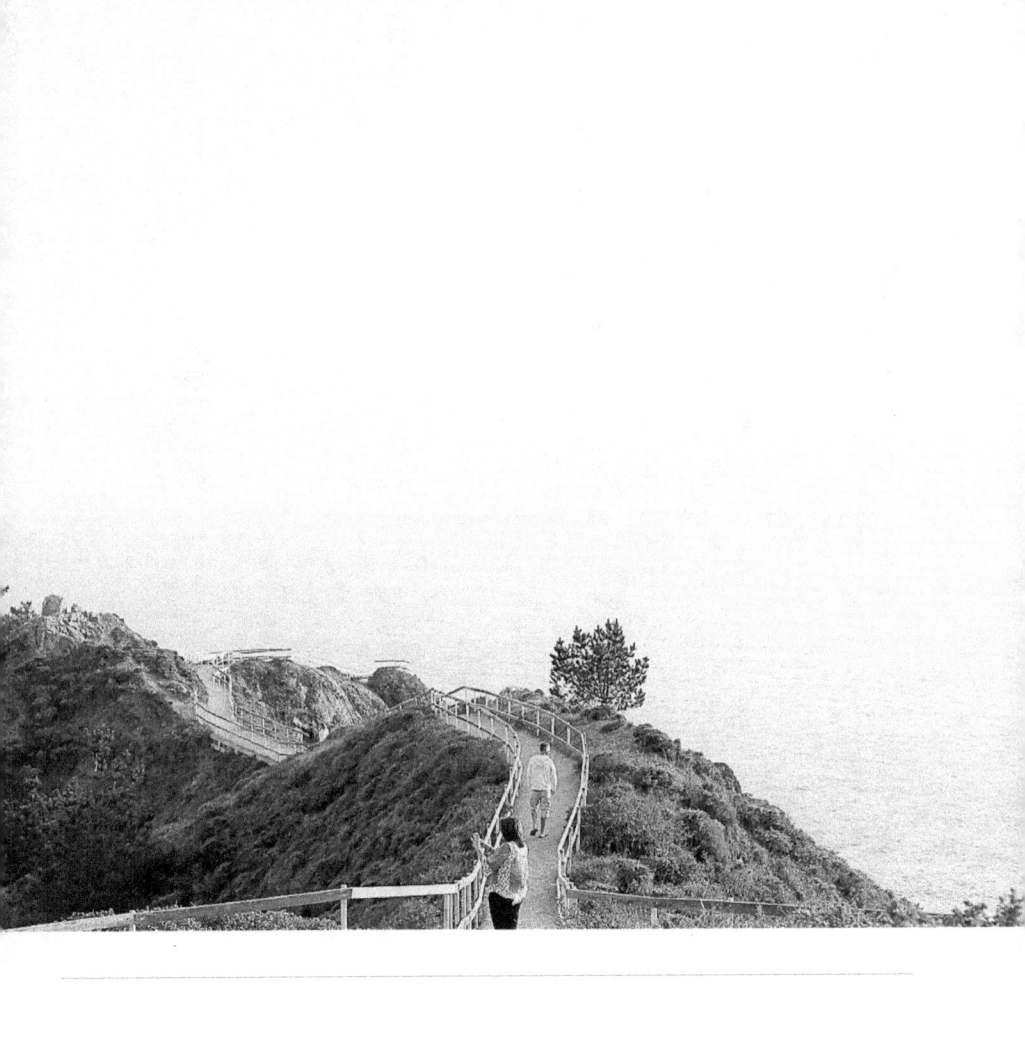

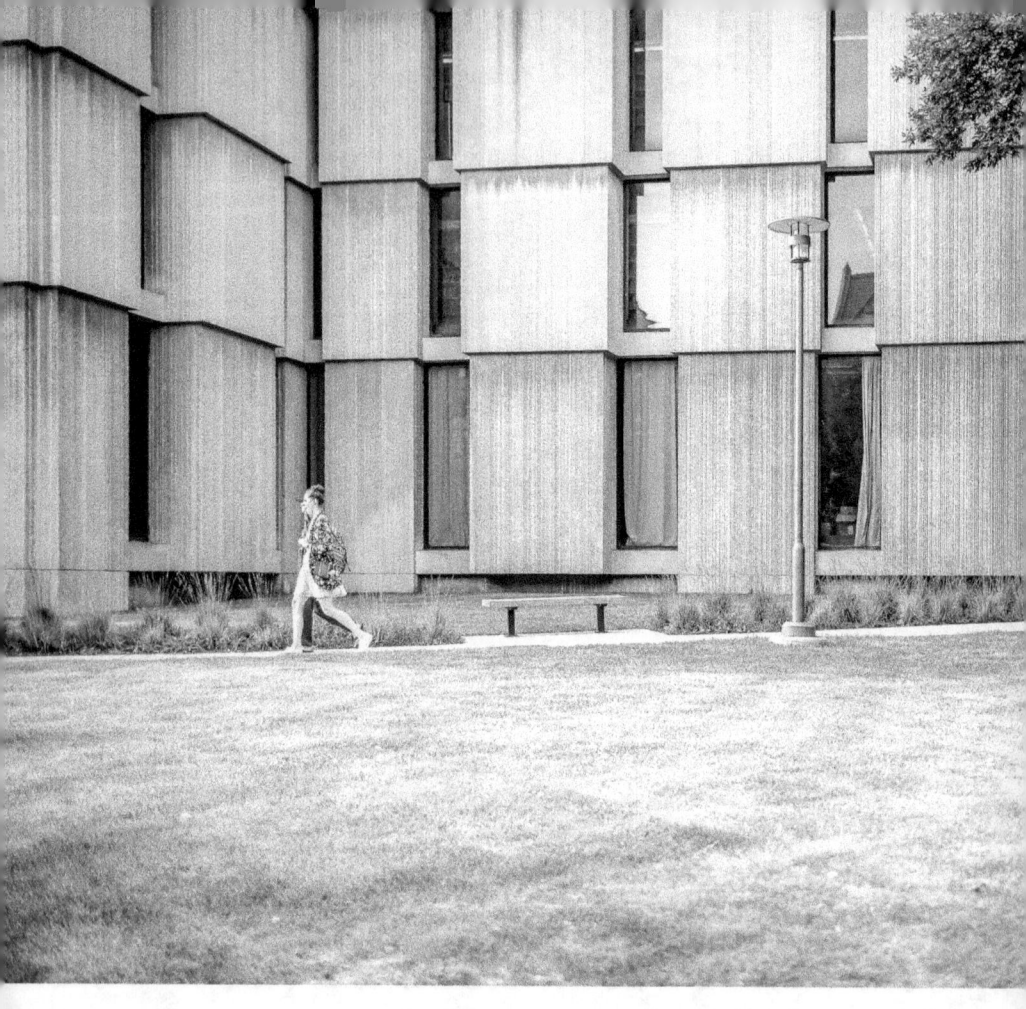

NOTE

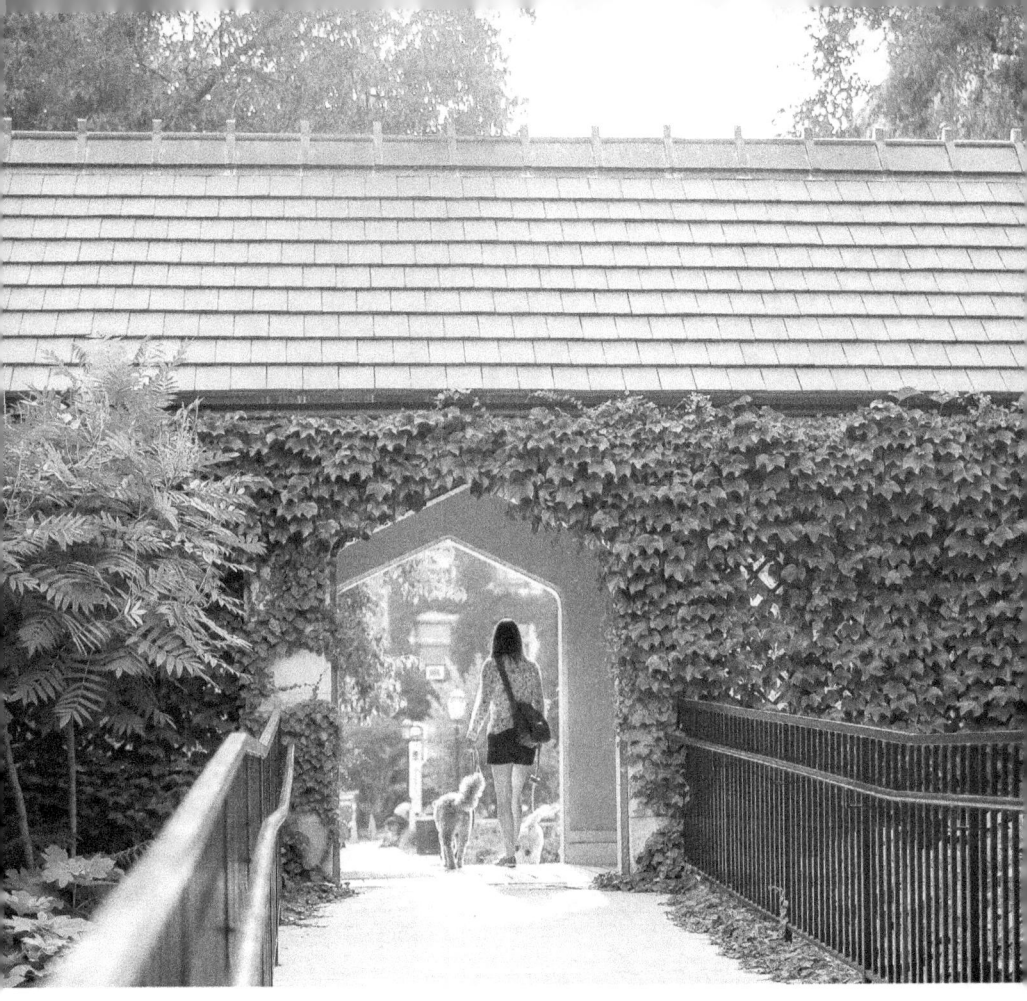

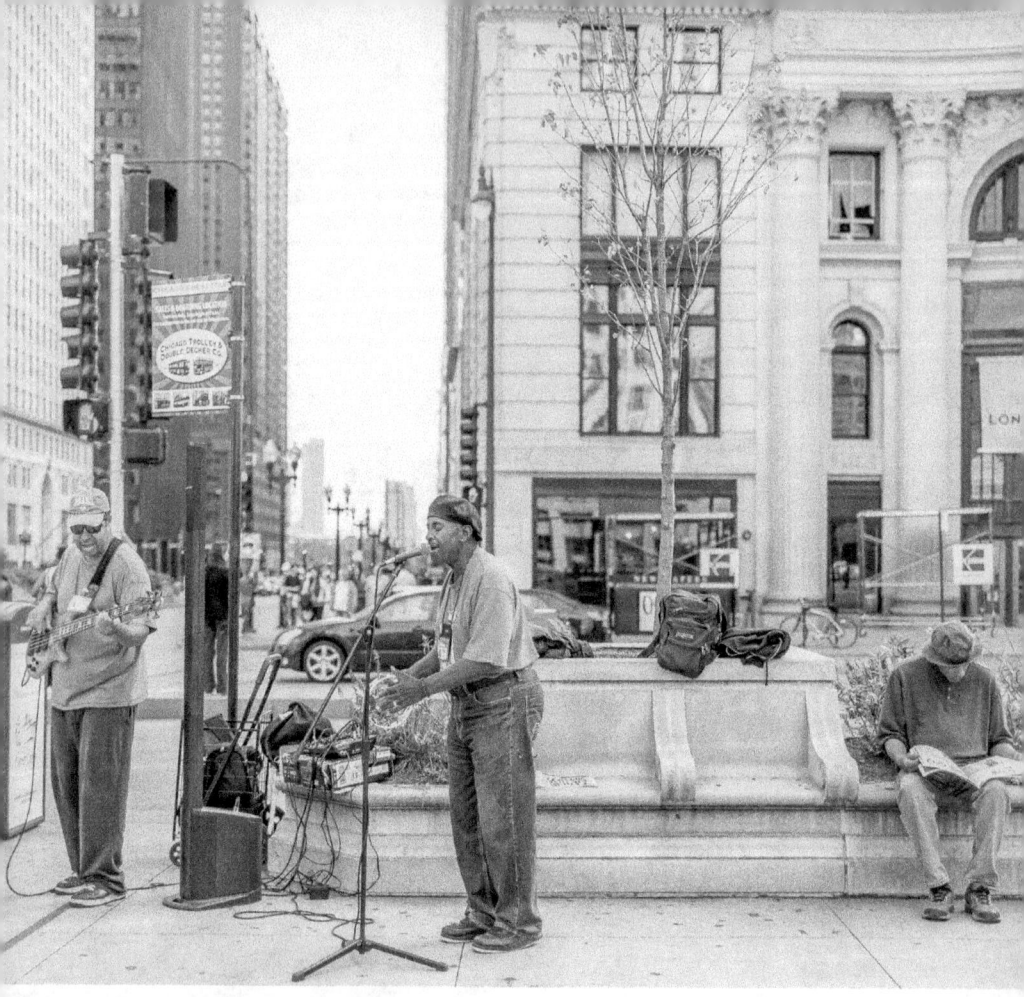

NOTE ——

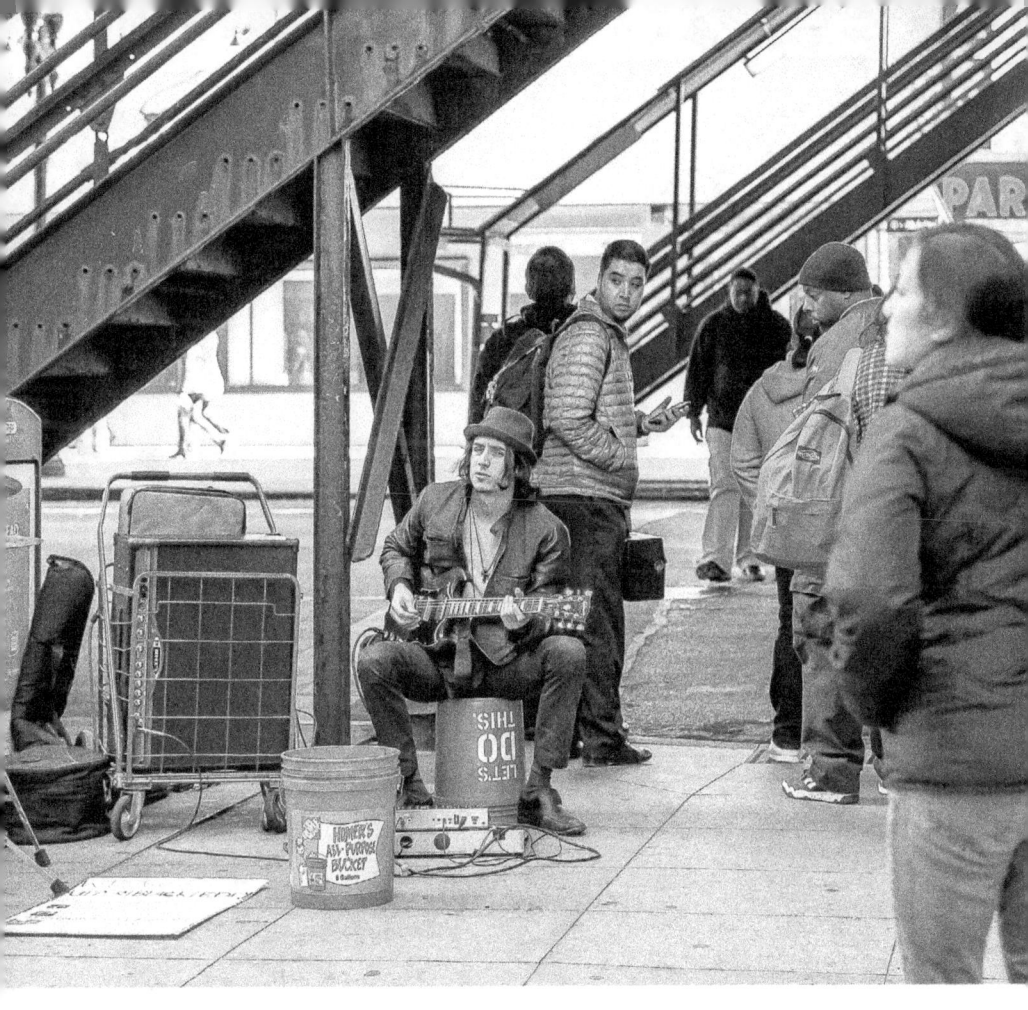

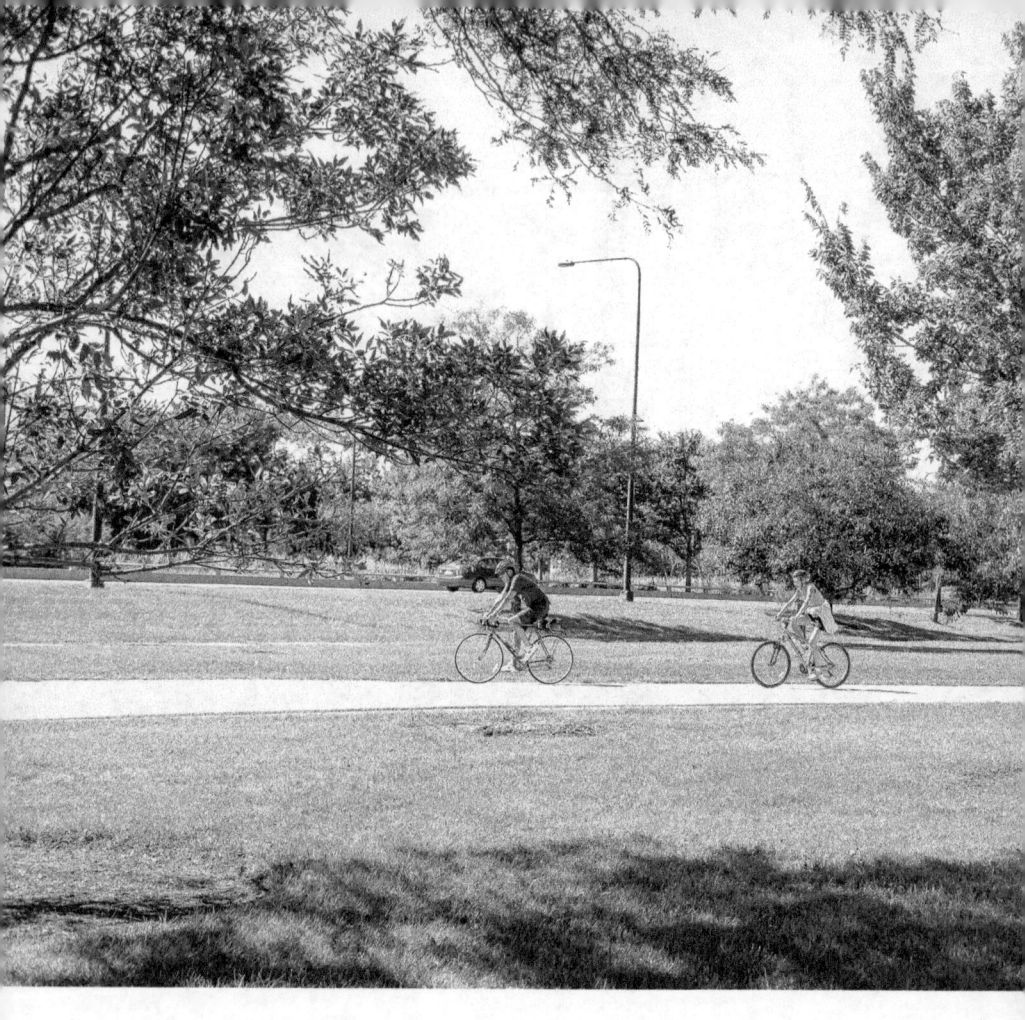

NOTE

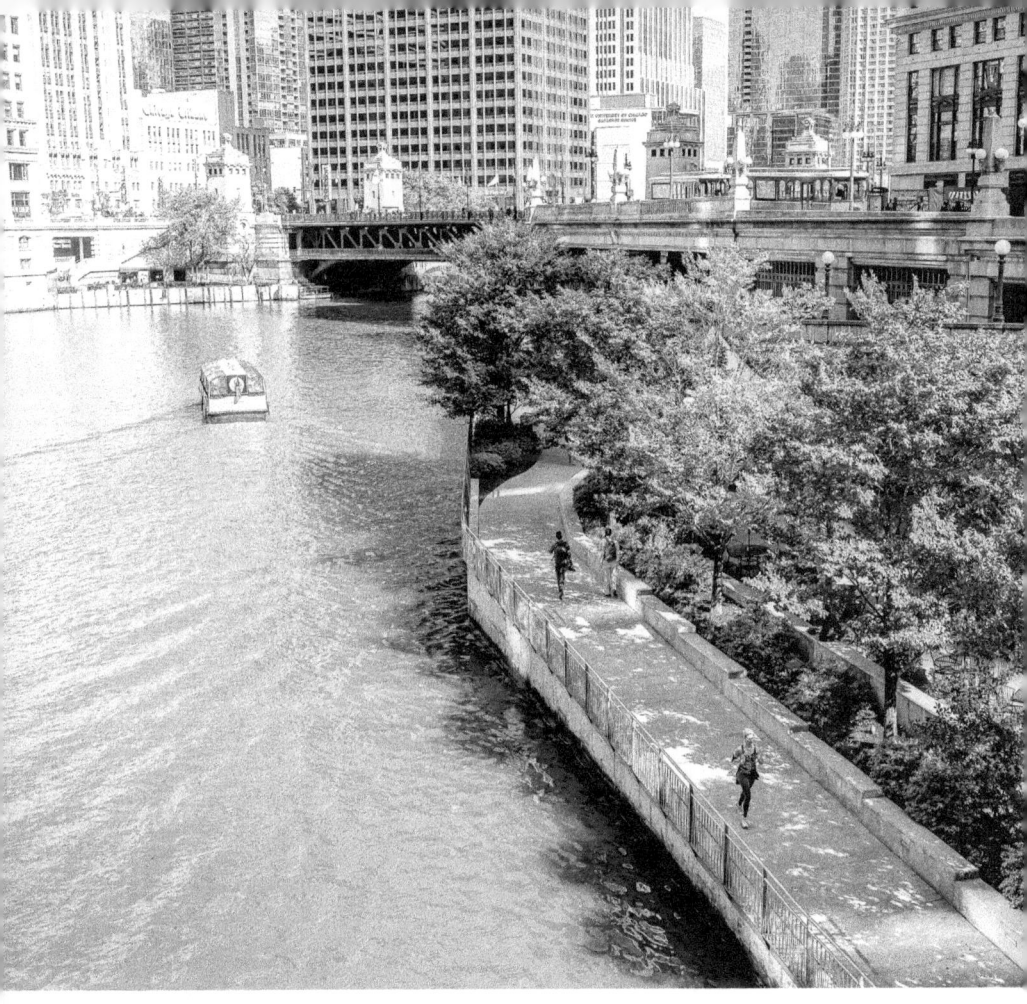

www.ingramcontent.com/pod-product-compliance
Lightning Source LLC
Chambersburg PA
CBHW060857170526
45158CB00001B/390